新时代农村组织建设与乡村治理的创新探索

刘德仓　郭　利　徐学英◎著

中国华侨出版社

·北京·

图书在版编目（CIP）数据

新时代农村组织建设与乡村治理的创新探索／刘德

仓，郭利，徐学英著. -- 北京：中国华侨出版社，

2024. 9. -- ISBN 978-7-5113-9287-9

Ⅰ. D638

中国国家版本馆 CIP 数据核字第 2024MM3166 号

新时代农村组织建设与乡村治理的创新探索

著　　者：刘德仓　郭　利　徐学英

责任编辑：姜　军

封面设计：徐晓薇

开　　本：710mm×1000mm　1/16 开　印张：13.5　字数：210 千字

印　　刷：北京四海锦诚印刷技术有限公司

版　　次：2025 年 3 月第 1 版

印　　次：2025 年 3 月第 1 次印刷

书　　号：ISBN 978-7-5113-9287-9

定　　价：68.00 元

中国华侨出版社　北京市朝阳区西坝河东里 77 号楼底商 5 号　邮编：100028

发 行 部：（010）88893001　　　传　　真：（010）62707370

如果发现印装质量问题，影响阅读，请与印刷厂联系调换。

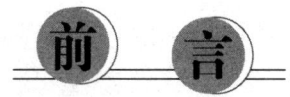

前　言

农村组织建设，作为党在农村全部工作和战斗力的基础，不仅是实施乡村振兴战略的重要保障，也是推动农业农村现代化的关键力量。随着国家治理体系和治理能力现代化的不断推进，农村基层党组织、农民合作组织、行业协会等多元主体共同参与的组织架构日益完善，为农村社会的和谐稳定与发展注入了新的活力。与此同时，乡村治理作为农村社会发展的核心环节，面临着从"管理"向"治理"模式转变的深刻挑战。传统的乡村管理方式已难以适应新时代农村经济社会发展的需求，而"治理有效"理念的提出，为乡村治理指明了新的方向。通过多方主体协同有效治理，构建共建共治共享的社会治理格局，成为新时代乡村治理的鲜明特色。

农村组织建设为乡村治理提供了坚实的组织保障和人才支撑，而乡村治理的成效则直接反映了农村组织建设的水平与质量。在新时代的背景下，加强农村组织建设与乡村治理的创新探索，不仅有助于推动乡村社会的全面振兴，更是实现国家治理体系和治理能力现代化的重要举措。

本书共分为九章，内容涵盖乡村治理的内涵与发展、农村基层组织建设的理论基础、农民合作经济组织参与乡村治理的研究、农村基层党组织建设引领乡村治理的探究、农村社会组织建设引领乡村治理的研究、多元主体协同参与乡村治理的创新探索、乡村治理中的生态文明建设研究、农村公共文化服务体系建设与乡村治理，以及乡村治理现代化与数字化发展探索。

本书深入挖掘乡村治理与农村组织建设的理论基础，从历史的维度审视乡村治理的变迁与发展，从理论的高度探讨农村基层组织建设的原则与功能。注重实践案例的分析，通过农民合作经济组织、农村基层党组织、农村社会组织等多元主体参与乡村治理的具体实例，展现乡村治理创新的生动实践。

本书在书写过程中，得到许多专家、学者的帮助和指导，在此表示诚挚的谢意。由于笔者水平有限，加之时间仓促，书中所涉及的内容难免有错误与疏漏之处，希望各位读者多提宝贵的意见，以便笔者进一步修改，使之更加完善。

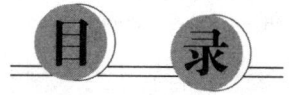

目 录

第一章 乡村治理的内涵与发展

第一节 乡村治理的基本内涵

乡村作为人类社会发展的一个重要组成部分，承载着丰富的历史、文化和社会意义。它通常指的是以农业生产为主要经济活动，人口密度相对较低，且与自然环境紧密相依的地区。乡村不仅是人们居住生活的空间，更是文化传承、生态维护和社会稳定的重要基石。

一、乡村与治理的概述

（一）乡村的概述

随着社会生产力的发展，农业社会和工业社会的区分越来越明显，社会发展到一定的阶段就分割成了城市和乡村。

1. 乡村的概念

乡村是一个独立的体系，有着独立的社会形态、经济形式和自然景观，而生活在乡村中的居民主要从事农业劳动。在我国乡村是一个行政概念，在行政区域划分中，县城这一行政区域下属的广大区域，被分为各种乡村。乡村是人类从农业社会向工业社会发展中出现的，而且保留良好的自然环境，乡村受到现代化发展的破坏和污染较小，因此乡村才有了开展乡村旅游得天独厚的自然条件。

与世界其他国家一样，乡村在中国，被赋予行政村的含义。乡村旅游也由此成为在这片以特有的乡村人居环境、农业生产及其环境为基础所开展起来的旅游活动。从土地的利用类型来看，乡村是有别于城镇的一种土地利用形式，在乡村，土地的利用以绿化、林业与农业耕作为主，而在城镇地区，大量的土地用于建筑物的修建。

2. 乡村的价值

价值是指客体对于主体表现出来的积极意义和有用性，或是主体从客体中获得的有用属性。它可以表现为具有特定属性的客体对于主体需要的意义，是一种相互作用、相互关系的性质和能力，存在于具体事物和主体之间的对应关系中。乡村价值是乡村及其活动对于人类社会经济发展的意义表现，是乡村所具有的促进人类生存和发展的能力。随着经济的发展和生活方式的改变，乡村价值也与时俱进。新发展阶段的乡村价值体现人们对美好生活的向往，具体包括以下价值。

（1）经济价值。经济价值以乡村生产为依托，培育发展新产业新业态是乡村产业发展的引擎和动力，是促进乡村深度发展的集中表现。

新产业新业态以助力乡村提质增效为目标，通过创新创业、农产品精深加工、乡村产业融合与产业集群培养等途径，以信息等新技术为辅助，推进乡村第一、二、三产业融合发展，主要表现形式为高效农业、观光农业、体验农业、创意农业、乡村旅游、乡村电商等，是实现乡村内涵式发展与建设美丽乡村并举的新兴产业。

培育新产业新业态是乡村经济价值的核心内容，为乡村充分释放各种价值奠定了物质基础。产业发展可以增加群众就业和经营性收入、增强内生动力，特别是新产业新业态既能立足乡村传统产业，又能开拓新兴市场，持续放大特色效应，是带动农民就业增收的重要途径。

培育新产业新业态，是协调乡村经济发展与生态保护的必然选择。经济发展与生态保护是对立的，新产业新业态作为新事物，将二者的斗争性转化为同一性，推动实现乡村经济与生态建设的协调发展。具体来说，新产业新业态在赋能乡村经济发展、培育乡村经济新增长点的过程中，融入绿色发展理念，创新绿色生产方式，成为乡村节能环保、绿色低碳的新型发展模式，是推进乡村绿色兴农、发展生态经济的关键。

（2）生态价值。生态价值以传统生态智慧与现代生态文明有机结合为表现形式，是乡村对自然生态和社会生态的正面影响。宜人乡村生态环境既是对原有乡村生态环境的维护，也是对乡村经济、社会双重价值的深层次挖掘。形成宜人生态环境的实质是实现人与自然和谐共生，人与自然和谐共生是未来理想社会的重要特征之一。因此，积极探索形成宜人生态环境是满足人民群众日益增长的优美生态环境需要，是实现自然生态、经济发展与民生有机结合，建设美丽乡村的必由之路。

形成宜人生态环境是乡村生态价值的核心指向，对于绿色乡村建设至关重要。宜人生态环境的内化过程是在原有乡村环境保护的基础上，对山林水田湖草、宜人田园风光乃至绿水青山的保护和开发提出更高要求。乡村建设要留得住青山绿水，乡村应该是绿色的家园，在原有乡村环境保护的基础上，实现人与自然和谐共生。形成宜人生态环境蕴含尊重乡村自然、顺应乡村自然、保护乡村自然的价值追求，是推动乡村生产、生活、生态协调发展的必由之路。

(3) 社会价值。社会价值以乡村社会和谐稳定为主要目标，是在乡村生产方式、生活方式、信仰与习俗等方面产生的积极效应与影响。随着"健康中国"的提出，乡村在养生养老养人功能上已经形成一定优势。

第一，"田园风光"中的养生。"乡村因独特的环境和养生资源成为现代休闲养生旅游者青睐的目的地之一。"[1] 优质的生态环境是"田园风光"养生的基本要求和托底资源。乡村自身的气候、地势、水体等资源，逐渐形成生态养生、食疗养生、水体养生、文化养生的养生矩阵，形成种类丰富、吸引力强的多元生态养生体系。传统的优秀乡村民俗、淳朴的乡土风情是乡村养生的内在灵魂，"田园风光"中的养生不仅符合现代人绿色健康生活的理念，也实现养身与养心的有机统一。

第二，"尊老敬老"中的养老。老年阶段仍是有作为、有进步、有快乐的重要阶段，应以积极的态度看待老年人和老年生活，这是尊老敬老的前提。孝亲敬老是中华民族的传统美德，也是社会主义核心价值观教育的重要内容之一，建设具有民族特色、时代特征的孝亲敬老文化，弘扬孝亲敬老的文化传统。为有效应对扑面而来的"银发浪潮"，必须积极探索创新养老模式。

第三，"宜居宜业"中的养人。整治乡村人居环境，建设宜居乡村，是实施乡村振兴战略的重要任务之一。重视乡村人居环境整治，通过构建促进农民持续

---

① 邱云美. 乡村养生旅游发展研究 [J]. 农业经济，2015 (3)：44.

较快增收的长效政策机制，拓宽农民增收渠道，让农民真正富起来，让农村呈现安居乐业美好家园的良好局面。目前，乡村人居环境整治工作取得重要成绩，许多乡村呈现出宜居、文明的画面。

（4）文化价值。优秀传统农耕文化，是深度涵养乡村文化价值的源泉与动力。弘扬优秀农耕文化符合乡村文化建设特点，有利于乡村优秀传统文化的挖掘和弘扬，使农耕文化真正成为涵养社会主义核心价值观的重要源泉；有利于进一步强化公共政策的价值导向，改善乡村社会风气和精神面貌；有利于逐步形成教育引导、实践养成和制度保障，巩固乡村思想文化阵地的保障体系。

弘扬优秀传统农耕文化为乡村实现特色发展提供思路和方法。深入挖掘、继承、创新优秀传统乡土文化，通过把农耕文明优秀遗产和现代文明要素相结合的方式，让有形的乡村文化留得住，让活态的乡土文化传下去。充分挖掘具有农耕特质、民族特色、地域特点的物质文化遗产，深入挖掘民间艺术、戏曲曲艺、手工技艺、民族服饰、民俗活动等非物质文化遗产，赋予其新的时代内涵，展现其时代魅力与风采，实现乡村文化特色发展。同时，也为打造彰显乡村文化特色的农业品牌开辟新思路，打破乡村经济发展由"劣势"转为特色和优势的困局，为推进乡村经济发展提供新方案。

（二）治理的概述

1. 治理的含义

治理指的是通过不同主体（如政府、市场、社会组织、个人等）之间的合作，运用法律、政策、伦理规范等手段，协调社会利益关系，解决社会问题，促进社会发展。

乡村治理，指的是在政府、社区组织、村民等多元主体的参与下，通过民主协商、合作共治的方式，解决乡村地区的经济、社会、文化、生态等问题，推动乡村地区的全面发展。

2. 治理的作用

治理在社会发展中起着关键作用，主要表现在以下四个方面。

（1）确保社会秩序的稳定。治理主体通过制定和执行法律法规及政策等，能够有效地规范社会行为，解决社会矛盾，维护社会正义和公共利益。例如，通过建立完善的法律体系，可以为公民提供明确的行为准则，同时，通过公正的司法程序，确保每个人都能在法律面前获得平等的对待。此外，政策的制定和执行，如城市规划和交通管理，不仅能够预防和减少犯罪，还能提升居民的生活质量，从而维护社会的和谐与稳定。

（2）增进社会公平正义。治理主体通过制度的合理设计和政策的有效实施，能够促进资源的公平分配，保障社会成员的基本权益，增强社会的包容性和公正性。例如，通过税收政策和社会保障体系的完善，可以缩小贫富差距，为弱势群体提供必要的支持和保护。同时，教育政策的公平实施，确保每个孩子都有接受良好教育的机会，这不仅有助于个人发展，也是社会整体进步的基础。

（3）提高公共服务水平。在教育、医疗、交通等基础设施建设，以及环境保护、文化传承等众多领域，治理发挥着至关重要的作用。例如，通过投资建设高质量的学校和医院，可以显著提升公民的生活质量。在环境保护方面，通过制定严格的排放标准和推动绿色能源的使用，可以有效改善环境质量，为后代留下宜居的地球。在文化传承方面，通过保护历史遗迹和推广传统文化，可以增强人民的文化认同感和自豪感。

（4）促进经济的持续发展。治理主体通过制定和执行促进经济发展的政策，优化资源配置，推动产业结构的调整和技术创新，从而推动经济的可持续增长。例如，通过提供税收优惠和财政补贴，可以激励企业研发和创新，推动产业升级。同时，通过基础设施的建设和改善，可以降低物流成本，提高生产效率，为经济增长提供坚实的基础。此外，通过开放市场和促进国际贸易，可以扩大市场规模，吸引外资，为本国经济注入新的活力。

3. 治理的价值

（1）实现良政善治。治理的终极目标是实现良政善治，即通过多元主体的参与和合作，实现政府的有效管理和社会的良性运行。良政善治不仅要求政府具有强大的管理能力，还要求社会具有高度的自治能力和参与意识。

（2）保障社会稳定与发展。通过合理的制度设计和政策实施，治理可以有效地维护社会秩序，化解社会矛盾，促进社会的和谐与稳定，为社会的持续发展奠定基础。

（3）促进民主与法治。在治理过程中，不同的主体通过协商、合作、参与等方式，共同参与社会事务的管理和决策，这不仅有助于提升社会的民主水平，也有助于促进法治的完善和发展。

（4）推动社会创新与进步。通过多元主体的参与和合作，治理可以激发社会的创新活力，促进社会的进步和发展，为社会的持续发展提供动力。

4. 治理的要素

随着时间的推移，治理的内涵不断丰富，涵盖政府、经济、社会三者之间的互动关系。

（1）政治治理。政治治理指的是国家政权对社会的管理和协调，主要涉及权力的行使、制度的制定与执行等。良好的政治治理能够促进社会稳定、公平正义，反之则可能导致社会动荡、腐败横行。

（2）经济治理。经济治理主要关注市场运行的规则和机制，旨在通过合理的经济政策和监管措施，保障市场的有序运行。经济治理的核心是实现资源的有效配置，提高经济效率。

（3）社会治理。社会治理指的是对社会事务的管理和协调，主要涉及公共服务的提供、社会秩序的维护等。社会治理的目标是实现社会的和谐与稳定，提升公众的生活质量。

二、乡村与治理的联系

乡村与治理之间存在着紧密的内在联系。乡村作为治理的对象和场域，其特有的社会经济结构、文化传统和生态环境，对治理模式的选择与效果产生深刻影响。

第一，社会经济结构的制约。乡村以农业为主导的经济结构，决定其治理必须围绕农业发展、农民增收和农村稳定等核心议题展开。相比城市，乡村的经济基础相对薄弱，公共服务供给能力有限，这要求治理策略更加注重资源的有效配置与利用。

第二，文化传统的浸润。乡村社会深受传统文化的影响，宗族观念、乡土情谊、习俗惯例等非正式制度广泛存在，对乡村治理起着不可忽视的作用。有效的乡村治理须尊重并利用这些文化传统，促进正式制度与非正式制度的良性互动。

第三，生态环境的考量。乡村拥有丰富的自然资源，同时也是生态环境保护的重点区域。乡村治理需平衡经济发展与环境保护的关系，探索绿色、可持续的发展路径，确保乡村生态系统的健康与稳定。

三、乡村治理的重点

乡村治理是国家治理在乡村社会的延伸和体现，"乡村治理是实现乡村振兴的重要途径，是呼应乡村社区社会结构变化的期盼，是保障乡村社区公共服务有效供给的基础，也是构建乡村社区公共性的源流本源，应发挥乡村社区多元协同治理的核心作用。"[1] 如果把乡村治理看作一个开放的系统，它则是一个由各主体、制度和机制组成的一个有机的系统，与外部环境之间进行着各种物质交换、能量交换和信息交换。因此，乡村治理的重点如下。

第一，构建"三治结合"的乡村治理体系[2]，强调坚持自治为基、法治为本、德治为先，推动乡村社会治理和服务重心向基层下移，以自治消化矛盾，以法治定分止争，以德治春风化雨。其中，乡村自治指在满足人民群众对关涉乡村重大事项的参与权的基础上，突出强化基层民主，真正实现基层群众当家作主，实现民主选举、民主决策、民主管理和民主监督；乡村法治则通过构建法治化的乡村社会治理机制，满足人民群众合法权益保障方面的正当要求；乡村德治则是突出强化传统文化在乡村社会治理中的积极作用，充分尊重基层群众的主体地位，满足群众在精神心理等方面的现实需求。因此，"三治结合"乡村治理体系建设有利于满足人民群众对美好生活的向往。

第二，推进法治与德治的共生，实现治理模式的创新。推进乡村法治建设，深入开展"法律进乡村"宣传教育活动，大力推进乡村法治文化建设，提高乡村居民法治素养，引导广大乡村干部群众尊法、学法、守法、用法。提升乡村德治

---

[1] 何继新，王笑语. 新时代乡村振兴战略背景下乡村治理内涵转换、维度指向与质量标准 [J]. 改革与战略，2020, 36 (9)：92.

[2] 三治，即自治、法治、德治。

水平，深入挖掘乡村熟人社会蕴含的道德规范，通过完善村规民约、居民公约等，培育规则意识、契约精神、诚信观念，引导农民向上向善、孝老爱亲、重义守信、勤俭持家。

第三，吸引精英力量，构建多元治理主体新格局。调整乡村人才引进政策，拓宽职业发展空间，完善乡村人才晋升考核机制，还应当给予回乡就业特别是回乡创业人才政策扶持。结合乡村振兴国家重大战略推进的历史机遇，适当放宽人才引进政策，支持大学生村官留村、留镇发展，并积极引进、打造一批乡村振兴与乡村治理人才队伍。

第二节　乡村治理的变迁与发展

一、乡村治理的变迁

乡村治理，在中国自古就有，从秦代的"乡亭制"、隋唐的"保甲制"、元代的"村瞳制"、明清的"里甲制"① 和"保甲制"，到民国时期的"区村（乡）闾邻制"，再到中华人民共和国成立以来的人民公社制和"乡村政治"，经历了古代乡村治理、民国治理、解放区治理、中华人民共和国成立后治理和改革开放后的乡村治理发展历史演变过程，经历了上下几千年，跨越若干朝代。以下具体阐述中国的乡村治理发展经历的四个时期。

（一）封建王朝时代的乡村治理（秦代到清末）

封建王朝时代，在乡村治理模式上采用了大同小异的"县政乡治"模式。主要表现为县是国家的基层政权，县以下实行乡村自治。比如，秦代的"乡亭制"、隋唐的"保甲制"、元代的"村瞳制"、明清的"里甲制"和"保甲制"等。

第一，秦代的"乡亭制"。秦代的"乡亭制"是一种基层行政管理制度，乡

---

① 据《明史》记载，范敏是里甲制的创议者，他在明洪武年间提出了以百一十户为里的编制方法。

设三老、啬夫、游徼等乡官，负责赋税征收、徭役征发、治安管理及教化等任务。乡以下设有里，里有里正，负责将居民编成什伍组织，管理里中事务。

第二，隋唐的"保甲制"。隋唐时期的"保甲制"与后来的保甲制有所不同，唐代实行的是邻保制度，四家为邻，五邻为保，彼此之间相互监督。

第三，元代的"村疃制"。元代在基层实行村社、里甲制，五十家为一社，选汉人为社长，每社派一蒙古人为提点刑狱，对村社进行监督；社下二十户为一甲，派蒙古人或色目人为甲主，甲主的衣食住行由甲内民户供给。

第四，明清的"里甲制"和"保甲制"。明清时期沿袭了宋代以来的保甲制，使之更加完备、更加严密。明代实行"里甲制"，人口在城叫坊，近城叫厢，乡鄙叫里，各为110户。清代实行"保甲制"，居民10家为1牌，10牌为1甲，10甲为1保。这些既是户籍制度，也是民事基层单位。

以上治理制度虽然称谓不同，但内容和形式比较相近，其乡村治理的政权末梢是县，不存在今日的乡镇一级政权，所谓的"皇权不下县"就是此意。

（二）民国时期"区村（乡）闾邻制"

民国时期的"区村（乡）闾邻制"是国民政府在乡村基层实行的一种行政管理制度。这一制度的建立是为了加强对农村社会的控制和管理，以及推动地方自治。根据这一制度，县以下的行政区划分为区、乡（镇）、闾、邻四级。区由若干乡镇组成，乡（镇）下设闾，闾下设邻。闾和邻的设置是以户数为基础的，闾通常由25户组成，设闾长；邻由5户组成，设邻长。闾邻长通常由民选产生，负责辅助乡（镇）长办理当地的学校、团务、公益、卫生、救济等公务。

这一制度在1927年至1934年间得到实施，但在1935年后，国民政府开始推行保甲制度，以取代闾邻制。保甲制度采用十户一甲，十甲一保的组织形式，进一步加强了对农村的控制。闾邻制虽然在法律上被废除，但在实际操作中，村民的习惯并没有立即改变，传统的"会"仍然是村落的联络中心。

（三）人民公社治理模式

中华人民共和国成立后，在社会主义农业改造时期，也经过农村合作化运动式的乡村治理，但这时期的治理主要是偏重政治的因素，是对农业的社会主义的改造，并不是完全意义上的乡村治理。1958年对农村的治理实行了"政社合一"的人民公社制，在人民公社的体制下，"三级所有，队为基础"，生产资料、生产活动和分配高度集中，乡村治理中的村民自治的寓意悉数剥落，可以说单一的、高度集中的"政社合一"人民公社体制，在某种程度上已经偏离了正常的乡村治理模式。

（四）"乡村政治"，多元治理模式

1. 改革开放时期——"乡村政治"

改革开放以来，随着计划经济时期"政社合一"的人民公社体制趋于瓦解，以及乡村治理经济基础的变革与城乡经济社会二元结构的重建，中国乡村治理模式发生重大变化。"乡村政治"模式作为一种新型的治理模式，它是伴随着家庭联产承包责任制的推行和人民公社体制的解体而产生的，体现了党和国家对乡村治理的制度安排。"乡村政治"是一种比较典型的"行政覆盖社会"式治理结构，具体表现为"县政—乡治—村办"的治理模式。

"乡村政治"是一种"放权型"的"一元二体"治理模式，或者是一种政府处于支配地位、控制与自治同时存在的政府主导型治理方式。随着经济社会的进一步发展，"乡村政治"模式在实际运行中暴露出许多问题，如基层政府治理能力弱化、农村经济发展陷入困境以及村民自治功能异化等。

2. 社会主义新农村建设时期农村税费改革

21世纪初，农村地区各种乱收费、乱摊派、乱集资问题凸显，乡村社会治理处于一种无序甚至失序的状态，为解决乡村社会治理危机，中央决定进行农村税费改革和新农村建设。农业税条例的废除标志着具有2600多年历史的农业税正式退出历史舞台，农村税费改革给乡村治理带来深刻的变革。这一时期的乡村治理模式归纳为"强县政、精乡镇、村合作"，即强化县级政府的经济管理职能，提高小城镇的辐射能力和加强村域合作，或者可以称为"县政、乡派、村治"，这种制度设计不仅实现国家对乡村社会的有效治理，而且促进村民自治民主发展。

农村税费改革推动农业发展方式转变，为社会主义新农村建设提供相应的制度保障，取得了预期成效和显著成果，但取消农业税后，乡镇财政开始呈现一种"空壳化"的形式，乡镇政府因为只能向上要钱而陷入财政困境。此外，税费改革也并未实现基层政府的"服务型"职能，基层政权组织中出现各种失范行为以及乡村精英治理失效，中央政府"倒逼"基层政府导致其营利性增强，村级民主政治难以真正实现，致使整个国家政权"悬浮"于乡村社会之上。

3. 中国特色社会主义新时代——"三治合一"

"三治合一"的乡村治理模式体现了中国特色社会主义新时代的治理理念和实践探索。在这种模式下，自治、法治、德治相互促进、相互补充，共同构成了乡村治理的有机整体，为推动乡村社会的全面进步和发展提供了有力保障。

在乡村治理体系中，村民委员会等村民自治组织发挥着重要作用。这些组织通过引导村民参与村级事务的决策和管理，实现了村民的自我管理和自我服务。同时，随着乡村治理体系的不断完善，越来越多的社会组织和新型经营主体也参与到乡村治理中来，共同构成了多元化的治理主体。

在乡村社会中，法律和制度的建设与完善对于维护社会秩序和公平正义至关重要。通过加强法治宣传教育，提高村民的法律意识和法律素养，可以引导村民依法表达诉求、维护权益。同时，建立健全乡村法律体系，为乡村治理提供有力的法律支撑。

在乡村社会中，道德和伦理规范同样具有重要的作用。通过弘扬社会主义核心价值观，加强乡村文化建设，可以提升村民的道德水平和文化素养，形成良好的社会风尚。同时，道德的力量也可以对村民的行为产生潜移默化的影响，促进乡村社会的和谐发展。

二、中国乡村治理的实践轨迹

（一）乡村治理的实践模式

中国乡村治理的实践历史悠久，理论思想和实践模式多种多样，这些理论和实践模式在不同历史时期都对乡村社会的发展起到了推动作用。

第一，农业合作化运动模式。农业合作化运动既是农民合作经济形式，也是乡村治理模式。1949 年中华人民共和国成立后，为了恢复国民经济和进行社会主义改造，中国共产党在农村推行合作化运动。通过简单的互助组到具有半社会主义性质的初级农业生产合作社，再到完全具有社会主义性质的高级社的发展转变，完成以私有制为基础的农村经济向社会主义集体经济的转变，确立了乡村社会新的政治社会秩序。

第二，创新型乡村治理模式。改革开放以来，"乡村政治"成为乡村治理的主体模式。同时，广大农民还探索实践了一些新的模式，如浙江的温州模式和泰和模式、安徽的阜阳模式和湖北的孝感模式、吉林的金村和江苏的如皋模式、河南的邓州模式以及广东的中山模式和山东的诸城模式等。这些模式各具特色，有的是乡村高度自治型，有的是政府高度介入型，还有的是政府辅助型等。这些模式的出现丰富了乡村治理的实践形式，推动了乡村治理的创新和发展。

（二）乡村治理的实践观察

在当前社会主义市场经济背景下，"乡村政治"模式依然是乡村治理的制度性模式并发挥着主导作用。但随着市场经济和民主政治的进一步发展以及农村公民社会的形成，现实的"乡村政治"结构正在发生改变。

第一，制度化的治理模式仍然是主体。尽管有多种治理理论和实践模式冲击着"乡村政治"模式，但在当前我国乡村社会政治体制难以改变的情况下，"乡村政治"模式仍然是我国广大农村进行治理的主流模式。

第二，理论与实践的冲突日益凸显。从"乡村政治"的治理结构来看，存在着党组织权力过大、乡镇政府运行走偏、村委角色错位以及村民没有话语权等问题。同时，《村民自治条例》设计的原则在当前情况下也名不副实，村组织的经济权威和政治威信遭到了漠视。

第三，制度外多元治理主体的兴起。随着市场经济的发展和各种非政府组织、经济能人的出现，打破了乡村治理中乡镇政府和村组织的垄断地位，并对他们在乡村社会中的治理权力、治理理念、治理行为提出挑战。

第四，理想的乡村治理结构——合作网络治理的形成。这种理想的乡村治理模式包含制度化的"乡村政治"的全部元素，并融合非政府社会组织、农民合作经济组织和乡村社会精英等参与因素。这些乡村治理的诸要素在一个空间内并存、相互作用，并同时作用于乡村社会，形成了乡村治理组织结构和运行机制。这种理想模式的形成是公民社会日益壮大和市场经济发展的结果。

（三）乡村治理的实践经验

我国乡村治理的理论研究和实践探索充分说明了乡村治理本身的重要性，并展现出丰硕的理论与实践成果。尽管过程中也经历了坎坷和走过了一些弯路，但也获得了许多成功和有益的经验。

第一，坚持基层政府在乡村治理中的主导地位。在乡村治理中，基层政府除了完成政府分内的工作外，还必须对农村村民自治组织的建立、指导、村干部培养选拔以及弱村的经济扶持等方面发挥主导作用。

第二，发挥村组织在乡村治理中直接的组织领导和实施作用。村组织是乡村治理的直接和实施主体，能够行使好乡村治理的责任。村组织的力量是关键性的因素，凡是好的村庄一般都有一个好的村委会和村党支部及其村干部。

第三，重视乡村精英和非政府组织在乡村治理中的补充作用。乡村治理是一个综合性的工程，需要多元主体的参与。非政府性组织、农村经济能人、社会精英等也成为乡村治理的主力或者领头人，他们在乡村社会建设中发挥着不可替代的作用。

三、我国乡村治理的发展趋势

（一）转变政府职能，完善农村产权制度

乡镇政府的执行能力直接关系到乡村社会能否有序健康发展，新时代应继续发挥政府的主导作用，推动乡镇政府的现代化转型。

第一，转变基层政府治理方式，减少过多的越级干预，保障农民基本权益，重点打击村庄不良势力，不断强化基层政权的服务功能，创新服务理念和打造"有为政府"，实现从"管理者"向"服务者"转变。

第二，基层政府应加强对村庄治理的政策指引和支持力度，优化乡镇政府的工作考核机制。此外，进一步健全和完善农村产权制度，探索集体产权的多种实现形式，明确土地以及村集体经济股份产权的权属界定，使农民通过经营乡村资源脱贫致富。

（二）培育新型经营主体，壮大农村集体经济

新型农业经营主体是推进乡村振兴的重要力量，主要包括专业大户、家庭农场、农民合作社以及龙头企业。

1. 构建全方位政策支持体系，赋能农业经营主体，推动农业可持续发展

制定一系列政策支持体系，这些政策应涵盖土地流转、金融服务、粮食保险等多个方面。具体来说，政府应当出台详细的土地流转政策，确保土地资源能够合理、高效地流转到有能力的农业经营主体手中，从而提高土地的利用效率。同时，政府还应提供金融服务支持，包括但不限于信贷支持、财政补贴、税收优惠等，以降低农业经营主体的融资成本，增强其资金实力。

此外，政府还应建立健全粮食保险体系，通过政策性保险等方式，减轻自然灾害等不可控因素对农业经营主体的影响，保障其稳定收益。通过这些政策的制定与落实，政府将为农业经营主体的健康成长创造一个良好的市场运营环境，从而促进农业的可持续发展。

2. 多措并举：激发农民与人才创业热情，推动农业农村现代化

（1）政府和相关部门应当积极采取措施，引导那些具备一定条件和基础的小农户创办自己的企业。这不仅能够帮助他们提高自身的经济收入，还能进一步培养和提升农民的组织化能力。通过提供培训、资金支持和政策优惠等措施，激发农民的创业热情，帮助他们克服创业过程中可能遇到的各种困难和挑战。同时，通过建立合作社、家庭农场等形式，增强农民之间的合作与交流，提升整体的农业竞争力。

（2）促进那些在经济领域取得杰出成就的人士回归本土，自主创业。这些人

士通常具有丰富的经验和资源，他们的回归不仅能带动当地经济的发展，还能为其他创业者树立榜样，激发更多人的创业热情。此外，政府还应积极吸引具备先进技术和专业知识的年轻人才投身农业领域，为农业发展注入新鲜血液。通过提供优厚的待遇、良好的工作环境和广阔的发展空间，吸引这些人才扎根农村，为农业农村现代化贡献力量。

同时，政府还应加大对农业发展公司的支持力度，吸引更多的农业企业扎根农村并蓬勃发展。通过提供税收减免、土地使用优惠、金融支持等政策，降低企业的运营成本，提高企业的盈利能力。此外，还应加强农业基础设施建设，改善农村交通、通信等条件，为农业企业的发展创造良好的外部环境。通过这些措施，促进农业企业的技术创新和产业升级，推动农业向现代化、规模化和品牌化方向发展。

3. 全面赋能：增强农业主体实力，推动农村电商与农业农村现代化

积极鼓励和支持各类经营主体，包括但不限于个体农户、合作社、农业企业等，通过各种有效措施，如政策扶持、资金支持、技术培训等，努力扩大生产规模，增强其面对市场波动和各种风险的抵御能力。

大力支持乡村电商平台的建设和发展，通过提供政策优惠、资金支持和技术指导等方式，完善农村地区的物流体系，以推进农村电商的快速发展。通过这些努力，显著提高我国农业生产的科学化水平，引入现代化的农业技术和管理方法，从而实现农业的有序和高效发展，为国家的食品安全和农民的增收提供有力保障。

此外，这也有助于推动农村经济的多元化发展，提升农民的生活水平，促进城乡一体化进程，进一步巩固国家的经济基础和社会稳定。

（三）加强公共服务建设，改善农村人居环境

农村生态环境治理的好与坏直接关系到农民群众的根本福祉，只有加强公共服务建设，保护和改善乡村生态环境，才能为乡村经济持续健康发展提供不竭的动力。

第一，从源头上着手解决村庄的污染问题，这包括减少化肥和农药的使用

量，以降低对环境的负面影响。此外，加强农用地土壤的污染防治工作，确保土壤质量得到保护和修复，从而维护乡村自然生态环境的健康和可持续发展。

第二，对街道进行集体整修，以提升村庄的整体面貌和居民的生活质量。针对养殖行业，需要进行集中整顿，实施禽畜养殖污染的综合治理措施，以减少养殖过程中产生的污染，确保环境的清洁和居民的健康。

第三，推行农村生活环境污染整治措施，例如，实施农村"煤改气"工程，将传统的燃煤取暖方式转变为更为环保的天然气取暖，减少空气污染。同时，推广农村生活垃圾分类回收制度，增强居民的环保意识和参与度，促进资源的循环利用。此外，开展农村厕所革命，改善农村卫生条件，提升居民的生活质量。

各地政府应因地制宜，充分利用当地的自然资源和文化资源，大力发展绿色产业和文化旅游产业。通过这些产业的发展，不仅可以带动当地农民的就业机会，还能吸引更多的游客，促进当地经济的繁荣发展。同时，投资建设一些农民文化活动中心，如图书阅览室、文学艺术馆、健身活动室等，丰富农民的精神文化生活，提高他们的生活品质，促进农村社会的和谐发展。

（四）健全并完善"三治合一"治理体系

新时代"三治合一"的乡村治理新体系克服了以往治理模式的局限性，是对过去乡村治理经验的总结和创新。如何有效发挥"三治"的作用，实现"三治"的有机融合，是新时代乡村振兴战略的迫切要求。

第一，乡村自治首先要坚持党的领导，调动村民参与村庄公共事务管理的积极性，进一步完善村民自治制度，创新自治形式；培育乡贤理事会、百姓服务团等各种性质的群众组织，激励多元主体共同参与、协同治理；实行村务公开制度、民主评议制度，保障村民充分地享有选举权和监督权。

第二，乡村德治要求加强基层组织和群众法治思维的培养，在乡村社会中形成全民学法、懂法、用法的法治环境，通过开展乡村普法教育宣传活动，让法治思维内化于心、外化于行，做到有法可依，依法办事。

第三，发扬传统优秀乡村文化，把社会主义核心价值观融入乡村社会各个方面，鼓励举办星级文明户、身边好人好事等评比活动，增强村民的责任感和荣誉感，引领新时代道德风尚。

总之，新时代乡村治理体系要实现治理有效的目标，必须以"三治合一"为抓手，充分发挥各治理主体的自身优势，实现"三治"有机融合发展。同时，还需要综合考虑不同地区经济社会和文化的差异性，因地制宜，探索出符合自身发展的治理模式。我国农村范围广阔，各地应从具体情况出发，充分尊重不同地区的现实条件和农民的创新精神，有针对性地解决所面临的问题和挑战，进一步提升"三治合一"乡村治理体系的建设水平，促进村庄经济可持续健康发展。

第三节　乡村治理与乡村发展

乡村发展是指乡村由落后状态向发达状态的进步、转化过程，可视为特定乡村地域系统内农业生产发展、经济稳定增长、社会和谐进步、环境不断改善、文化持续传承的良性演进过程。乡村治理与乡村发展紧密相连，乡村治理的有效性直接影响到乡村发展的质量和速度。通过创新和现代化的治理策略，可以有效推动乡村的全面振兴。

一、乡村治理与乡村发展的联系

（一）乡村治理是乡村发展的基础保障

第一，制度保障。乡村治理通过建立完善的制度体系，为乡村发展提供稳定的制度环境。这包括农村基层党组织的领导、村民自治制度的实施、法治建设的加强等，这些制度为乡村经济、社会、文化的全面发展提供了坚实的保障。

第二，组织保障。乡村治理注重发挥农村基层组织的作用，通过加强农村基层党组织建设、培育新型农业经营主体和社会组织等，形成多元共治的格局，为乡村发展提供强大的组织力量。

第三，环境保障。乡村治理致力于改善乡村生态环境、提升乡村基础设施水平，为乡村产业发展提供良好的外部条件。同时，通过加强社会治理，维护乡村社会稳定，为乡村发展创造和谐的社会环境。

（二）乡村发展推动乡村治理的现代化

第一，经济动力。乡村经济的发展为乡村治理提供物质基础。随着乡村产业结构的优化升级和农民收入的增加，乡村社会有了更多的资源投入治理领域，推动乡村治理的现代化进程。

第二，社会需求。乡村发展带来的社会变迁对乡村治理提出了更高要求。随着农民群众对美好生活的向往日益增强，他们对民主、法治、公平、正义等方面的需求也日益增长，这促使乡村治理不断创新和完善，以适应乡村社会的新需求。

第三，文化支撑。乡村文化是乡村治理的精神支柱。乡村发展注重传承和弘扬优秀传统文化、红色革命文化等，这些文化元素为乡村治理提供丰富的思想资源和精神动力。同时，通过加强乡村文化建设，提升农民群众的文化素质，有助于增强他们的自治能力和参与乡村治理的积极性。

（三）两者相互促进、共同发展

第一，目标一致。乡村治理与乡村发展的目标是一致的，都是为了实现乡村的全面振兴和可持续发展。乡村治理通过优化制度环境、加强组织建设、改善生态环境等措施，为乡村发展提供有力支撑；而乡村发展则通过推动经济、社会、文化等方面的全面发展，为乡村治理注入新的活力和动力。

第二，相互促进。乡村治理与乡村发展相互促进、共同发展。一方面，乡村治理为乡村发展提供稳定的社会环境和制度保障；另一方面，乡村发展又为乡村治理提供物质基础和社会需求动力。两者相互依存、相互促进，共同推动乡村的全面振兴和可持续发展。

二、乡村整体性治理与乡村韧性发展

随着乡村振兴战略的实施，乡村建设目标从美丽乡村逐步转向宜居宜业和美乡村，这一转变不仅体现了乡村建设内涵的深化，也对乡村治理提出了更高的要求。乡村作为中国基层治理的重要单元，其发展潜力与后劲日益显现，成为国家宏观政策的重点对象。在此背景下，加强农村基层基础工作，构建自治、法治、德治相结合的乡村治理体系，成为推动乡村全面振兴的关键。

乡村韧性发展作为乡村治理的重要目标，与整体性治理理念高度契合。韧性不仅体现在乡村面对经济、社会、生态等内外部压力时的适应能力，更在于其通过内部结构调整和外部协同援助实现长期可持续发展的能力。乡村韧性的形成受多重因素影响，包括经济水平、环境质量、治理政策、农民主体性等。这些因素在乡村治理中的互动与整合，直接关系到乡村韧性的强弱。

整体性治理理论强调协调、整合与紧密化，通过多元主体的协同合作，解决碎片化治理问题，提升治理效能。在乡村治理中，整体性治理能够克服治理主体的碎片化现象，促进知识分工与集体行动，从而增强乡村的韧性。具体来说，整体性治理从治理能力、治理结构、治理过程与治理空间四个维度入手，提升乡村治理水平。

以四川省彭州市金城社区为例，该社区通过整体性治理实践，实现了从"乱"到"治"的转变，成为乡村韧性发展的典型。金城社区通过激活内部治理主体、引入外部合作主体、构建多元治理机制、推进治理工具革新、实现公共服务灵活供给以及形成空间向度整体治理等措施，有效提升了乡村治理效能和韧性发展水平。

在能力维度上，金城社区通过理念演替与工具更新，形成了科学的治理理念和高效的数字治理工具，提升治理主体的认知水平和融合度。在结构维度上，金城社区实现了治理主体结构的多元化、组织结构的立体化和权力结构的分散化，为整体性治理提供结构支撑。在过程维度上，金城社区注重主体参与过程与公共服务供给过程的动态演化与灵活供给，促进治理主体的协同合作和公共服务的高效供给。在空间维度上，金城社区通过村域经营与区际联动，实现了资源的整合利用和区域间的协同发展。

···· 第四节　乡村治理现代化审视

一、乡村治理现代化的含义

乡村治理现代化是指在坚持党的领导、人民当家作主和依法治国的有机统一的基础上，通过制度创新、技术赋能、文化引领等手段，不断提升乡村治理体系和治理能力的现代化水平，以适应乡村社会发展的新要求，推动乡村社会全面进步。具体而言，乡村治理现代化的内涵包括以下四个方面。

第一，制度体系的现代化。建立健全适应乡村社会发展需要的制度体系，包括基层党组织建设、村民自治制度、农村集体经济管理制度、乡村社会服务体系等。通过制度创新，明确各治理主体的职责和权限，规范乡村治理行为，提高治理效能。

第二，治理手段的现代化。运用现代信息技术手段，如大数据、云计算、人工智能等，提升乡村治理的智能化水平。通过建立乡村治理信息平台，实现信息共享、资源整合和决策优化，提高治理的精准性和时效性。

第三，治理理念的现代化。树立以人民为中心的发展思想，坚持自治、法治、德治相结合的治理理念。充分尊重农民群众的主体地位和首创精神，激发乡村社会的内在活力；加强法治宣传教育，增强农民群众的法治意识和法治素养；弘扬优秀传统文化和社会主义核心价值观，提升乡村社会的道德水平和文明程度。

第四，治理目标的全面化。乡村治理现代化不仅追求经济发展的目标，还注重社会、文化、生态等多方面的均衡发展。通过促进产业兴旺、生态宜居、乡风文明、治理有效和生活富裕的实现，全面提升乡村社会的整体发展水平。

二、乡村治理现代化的特征

（一）党的领导贯穿始终

党的领导是乡村治理现代化的根本保障。在乡村治理现代化的进程中，始终坚持中国共产党的领导地位不动摇，是乡村治理现代化的首要特征。党的领导不仅体现在政治方向上，更贯穿于乡村治理的每一个环节和方面。基层党组织作为乡村治理的领导核心，发挥着总揽全局、协调各方的重要作用。通过加强基层党组织的建设，提升基层党组织的组织力、凝聚力和战斗力，确保党的路线方针政策在乡村得到有效落实。同时，党的领导还体现在对乡村治理现代化方向的把握上，确保乡村治理始终沿着正确的轨道前进。

（二）治理主体的多元化与协同化

乡村治理现代化强调治理主体的多元化与协同化。在乡村治理过程中，不再单纯依靠政府的力量，而是充分调动社会各界的力量共同参与。政府、市场、社会组织和村民自治组织等多元主体在乡村治理中各司其职、各负其责，形成合力。政府主要负责政策制定、公共服务和市场监管；市场则通过资源配置、技术创新等方式推动乡村经济发展；社会组织通过提供专业服务、开展公益活动等方式参与乡村治理；村民自治组织则代表村民利益，发挥自我管理、自我服务的作用。这种多元化与协同化的治理主体结构，有利于形成多方参与、共同治理的良好局面，提高乡村治理的效率和效果。

（三）治理手段的智能化与信息化

随着信息技术的快速发展，智能化与信息化成为乡村治理现代化的重要特征。通过运用大数据、云计算、物联网等现代信息技术手段，乡村治理实现了从传统向现代的转变。智能化与信息化的治理手段不仅提高了治理的精准度和效率，还降低了治理成本。例如，通过建立乡村治理信息平台，实现信息共享和资源整合；通过智能监控系统实时监测乡村环境状况，及时发现并处理问题；通过大数据分析村民需求和行为习惯，为政策制定提供了科学依据。这些智能化与信息化的治理手段为乡村治理现代化提供了有力支撑。

（四）治理理念的民主化与人本化

乡村治理现代化强调治理理念的民主化与人本化。在治理过程中，始终坚持人民当家作主的原则，充分尊重村民的主体地位和首创精神。通过加强村民自治组织建设，提高村民的自我管理和自我服务能力；通过推广村民议事会、村民代表会议等民主形式，让村民参与乡村事务的决策和管理；通过加强法治宣传教育，增强村民的法治意识和法治素养。这些措施共同促进乡村治理的民主化进程，让村民在乡村治理中发挥更加积极的作用。同时，乡村治理现代化还注重以人为本的发展理念，关注村民的实际需求和利益诉求，努力解决村民关心的热点难点问题，提高村民的幸福感和满意度。

（五）治理目标的全面化与均衡化

乡村治理现代化追求治理目标的全面化与均衡化。这不仅体现在经济发展上，更体现在社会、文化、生态等多个方面。在经济发展方面，乡村治理现代化注重培育乡村产业新动能，推动乡村经济转型升级；在社会建设方面，注重完善乡村公共服务体系，提高村民的生活质量，增强幸福感；在文化建设方面，注重传承和弘扬优秀传统文化和社会主义核心价值观，提升乡村社会的文明程度；在生态建设方面，注重保护和改善乡村生态环境，促进人与自然的和谐共生。这些目标的全面化与均衡化体现了乡村治理现代化的综合性特征，有利于推动乡村社会的全面进步和可持续发展。

（六）治理方式的法治化与规范化

乡村治理现代化强调治理方式的法治化与规范化。在治理过程中，始终坚持依法治理的原则，加强乡村法治建设。通过完善乡村法律法规体系，明确各治理主体的权利和义务；通过加大执法力度和司法保障，维护乡村社会的公平正义；通过加强法治宣传教育，提高村民的法律意识和法治素养。同时，注重治理方式的规范化建设，通过制定科学合理的治理流程和标准，规范治理行为，减少治理过程中的随意性和不确定性，提高治理的公信力和权威性。这些措施共同促进了乡村治理的法治化和规范化进程，为乡村社会的和谐稳定提供了有力保障。

三、乡村治理现代化的要素与本质

（一）乡村治理现代化的要素

乡村治理现代化是一个复杂的系统工程，涉及多个方面的要素。这些要素相互关联、相互影响，共同构成了乡村治理现代化的基础框架。

第一，制度要素。完善的制度体系能够为乡村治理提供明确的行为规范和指导原则。在乡村治理现代化的过程中，需要建立健全基层党组织建设制度、村民自治制度、农村集体产权制度、农业支持保护制度等一系列制度。这些制度不仅明确了各治理主体的职责和权限，还规范了乡村治理的行为准则，保障了乡村社会的有序运行。

第二，组织要素。有效的组织体系能够确保治理目标的顺利实现。乡村治理的组织要素包括基层党组织、村民自治组织、集体经济组织、农民合作社等。这些组织在乡村治理中发挥着不同的作用，共同构成了乡村治理的组织网络。基层党组织作为领导核心，负责政治引领和组织协调；村民自治组织代表村民利益，负责自我管理和自我服务；集体经济组织则负责经营和管理农村集体资产，促进集体经济发展。

第三，技术要素。随着信息技术的飞速发展，现代科技手段在乡村治理中的应用越来越广泛。大数据、云计算、物联网等技术的应用，为乡村治理提供了更加精准、高效的解决方案，极大地提升了乡村治理的效率和效果。

第四，文化要素。乡村文化是乡村社会的重要组成部分，是凝聚人心、规范行为的重要力量。在乡村治理现代化的过程中，需要深入挖掘和传承优秀乡村文化，弘扬社会主义核心价值观和中华优秀传统文化。通过加强乡村文化建设，提升村民的文化素养和道德水平，增强村民的归属感和认同感，为乡村治理提供坚实的文化支撑。

第五，人才要素。乡村治理需要一支高素质、专业化的人才队伍来支撑。这些人才不仅需要具备丰富的专业知识和实践经验，还需要具备强烈的社会责任感和使命感。在乡村治理现代化的过程中，需要积极培养和引进各类人才，包括农业科技人才、乡村治理人才、公共服务人才等。通过加强人才培养和引进工作，为乡村治理提供有力的人才保障。

（二）乡村治理现代化的本质

第一，促进乡村经济转型升级。通过加强农村基础设施建设、培育乡村产业新动能、推动农村一、二、三产业融合发展等措施，提高农业生产效率和附加值，促进农民增收致富。同时，加大农村金融服务体系建设，为农村经济发展提供有力的金融支持。

第二，提升乡村社会治理水平。通过加强基层党组织建设、完善村民自治制度、加强农村法治建设等措施，提高乡村社会的组织化程度和社会治理能力。同时，加强农村公共服务体系建设，提高农村教育、医疗、文化等公共服务水平，满足村民日益增长的美好生活需要。

第三，保护乡村生态环境。通过加强农村生态环境保护工作，推动农业生产方式转变和农业废弃物资源化利用等措施，减少农业面源污染和生态破坏。同时，加强乡村生态环境监管和执法力度，保障乡村生态环境的持续改善和可持续发展。

第四，传承和创新乡村文化。乡村治理现代化强调传承和创新乡村文化。这包括保护和传承乡村优秀传统文化，弘扬乡村文化精神，推动乡村文化创新和发展，以及提高乡村居民的文化素养和审美能力。通过传承和创新乡村文化，增强乡村地区的文化软实力和凝聚力，促进乡村社会的和谐与发展。

第五，实现城乡融合发展。通过加强城乡统筹规划、推动城乡要素自由流动和公共资源在城乡间均衡配置等措施，促进城乡经济、社会、文化等方面的协调发展。同时，加强城乡基础设施建设和公共服务体系建设工作，提高城乡居民的生活质量和幸福感。通过实现城乡融合发展目标，推动中国特色社会主义现代化建设不断向前发展。

四、乡村治理现代化的意义

"乡村治理是国家治理的基石，乡村治理现代化是农业农村现代化的集中体现。"① 在中国共产党的坚强领导下，我国乡村治理稳步推进，制度体系日益完善、体制机制持续创新、"三治结合"效能彰显、乡村振兴有序发展，取得了举世瞩目的伟大成就，标志着乡村治理步入现代化建设的快车道。从下往上不断完善制度体系、自上而下持续深化体制改革、由点到面加快运行机制优化、由内而外推动治理效能释放，是我国乡村治理取得巨大成就的基本经验。在建成社会主义现代化强国的新征程中，更要通过一系列制度创新与机制变革，进一步巩固党的全面领导、提升制度执行能力、优化体制机制，在"制度优势—运行机制—治理效能"框架下，加快各类制度优势更好地向治理效能转化，从而以乡村治理现代化推进国家治理体系和治理能力现代化。

乡村现代化既包括"物"的现代化，也包括"人"的现代化，还包括乡村治理体系和治理能力的现代化。乡村治理是国家治理"最关键的小事"，乡村治理现代化是国家治理现代化最基础、最重要的组成部分，是国家治理现代化在乡村这一空间领域的映射与体现。乡村治理现代化，不但包括乡村治理的"国家性"内涵，而且兼顾乡村治理的"社会性"难题，意在乡村社会构建一套与现代化国家相匹配、与乡村本地化发展相适应的政治、经济体系，呈现出传统与现代、目标与现实、国家与社会相互辩证作用的发展走向。

组织形式将更具中国特色，治理对象和范畴会相对集中，治理目标的指向性、精准度将更加明显，治理手段也会呈现出制度与技术相融合等特征。经过不懈努力，推动农业乡村发展取得历史性成就，乡村振兴全面推进，现代化的乡村治理格局逐步形成，充满活力、和谐有序的善治乡村蓬勃发展。制度体系健全、行政体制有力、"三治"结合顺畅、治理效能显著等，成为乡村治理现代化的重要标志。历史和现实表明，乡村治理是农业农村现代化的重要支撑，在党的全面领导下推进乡村治理现代化，是向中国式现代化新道路迈进的一大步。

---

① 刘海军，丁茂战. 乡村治理现代化的历程、经验与进路 [J]. 国家现代化建设研究，2022，1 (3)：121.

五、乡村治理现代化的演化逻辑与实践启示

（一）乡村治理现代化的演化逻辑

乡村治理现代化的演化逻辑是一个复杂而多维度的过程，它贯穿于中国农村社会发展的各个阶段，体现了政策导向、社会变迁与治理理念的不断融合与创新。这一过程大致可分为以下四个时期。

第一，集体化时期。乡村治理的初步探索。中华人民共和国成立后，面对长期战乱和贫困落后的农村现状，中国政府迅速展开了土地改革和农业合作化运动。这一阶段的乡村治理以集体化为特征，通过土地改革确立了农民的土地所有制，激发了农民的生产积极性。随后，农业合作化运动进一步推动农业生产力的提升，为乡村治理现代化奠定了初步基础。这一阶段，乡村治理的重点在于强化基层政权建设，确保党的政策能够在农村得到有效执行。

第二，人民公社时期。高度集中的治理模式。人民公社作为政社合一的组织形式，实现了对乡村资源的全面整合和调配。虽然这一模式在一定程度上推动农业生产的规模化发展，但也存在效率低下、农民积极性受挫等问题。这一时期，乡村治理的演化逻辑主要表现为对集中治理模式的不断尝试和调整。

第三，家庭联产承包责任制时期。治理模式的重大变革。改革开放后，家庭联产承包责任制的实施标志着乡村治理模式的重大变革。这一制度赋予了农民更多的经营自主权，极大地激发了农民的生产积极性。随着农村经济的活跃和市场机制的引入，乡村治理开始向多元化、民主化方向发展。基层党组织、村民自治组织、农村经济组织等多元主体开始在农村治理中发挥重要作用。

第四，新农村建设与乡村振兴时期。全面推进乡村治理现代化。21世纪以来，中国政府先后提出了新农村建设和乡村振兴战略，标志着乡村治理现代化进入了一个新的发展阶段。这一阶段，乡村治理的演化逻辑更加注重系统性、全面性和可持续性。通过加强基础设施建设、推动产业融合发展、提升公共服务水平、强化生态环境治理等措施，乡村治理水平不断提升，乡村社会面貌发生了显著变化。

（二）乡村治理现代化的实践启示

第一，坚持党的领导是根本保证。乡村治理现代化的成功实践表明，坚持党的领导是根本保证。只有在中国共产党的坚强领导下，乡村治理才能始终保持正确的政治方向，有效应对各种风险和挑战。基层党组织作为乡村治理的领导核心，必须不断加强自身建设，提升组织力和战斗力，确保党的政策在农村得到有效落实。

第二，尊重农民主体地位是内在要求。农民是乡村治理的直接参与者和受益者，只有充分尊重农民的意愿和首创精神，才能激发农民的积极性和创造力。因此，在乡村治理过程中，必须注重保障农民的各项权益，加强农民教育培训，提升农民自我管理和自我服务能力。

第三，多元化治理主体是有效路径。政府、市场、社会组织和村民自治组织等多元主体在乡村治理中各有优势和作用。通过构建协同共治的治理体系，可以充分发挥各自优势，形成治理合力。因此，在推进乡村治理现代化的过程中，必须注重培育和发展多元化治理主体，加强各主体之间的沟通协调和合作共治。

第四，法治化是重要保障。法治化不仅可以规范治理行为、保障治理效果，还可以提升治理的公信力和权威性。因此，在乡村治理过程中，必须注重加强法治宣传教育，提升村民的法治意识和法治素养；同时加强农村法治建设，完善农村法律服务体系和法律援助机制；强化农村执法监督力度，确保农村治理行为依法依规进行。

第五，可持续发展是长远目标。在推进乡村治理现代化的过程中，注重生态环境保护和资源节约利用；推动乡村产业结构调整和转型升级；加强农村基础设施建设和社会事业发展；促进城乡融合发展等。通过这些措施的实施，可以推动乡村社会实现经济、社会、文化、生态等多方面的协调发展，为乡村振兴战略的深入实施奠定坚实的基础。

第二章 农村基层组织建设的理论基础

· · · · ## 第一节 基层组织工作概述

基层组织作为国家治理体系的基础环节，承担着推动社会进步、维护社会秩序、服务人民群众的重要职责。在我国，基层组织主要包括居民委员会、村民委员会、企事业单位、社会团体等，他们在政府与民众之间发挥着桥梁和纽带的作用。

一、基层组织工作的含义

基层组织工作作为更加细致的组织划分，将组织工作有条不紊地分散到日常工作中去，逐渐成为政府执政的最基层模式。随着改革开放的不断深化，既离不开党和国家的指导，更不能离开基层组织工作细致入微的具体执行。党和国家的大政方针是指导整个社会主义建设的大方向，而大政方针在基层的具体执行就需要依靠基层工作，只有完善的基层组织结构，以及科学合理的组织模式，才能在纷繁复杂的时代环境中，找到最为适宜的发展路线，才能确保党和国家的方针政策得以贯彻实施。在新的形势下，国家建设又将面临新的任务和挑战，面对这样的形势，更应该重视基层组织工作的作用，结合当下的实际情况，清醒地认识到新思路下的组织工作目标。

人民群众是基层组织工作的重要核心，只有真正走到人民群众中去，才能时刻把握基层工作的重心。充分发挥群众监督的作用，围绕党和人民形成全面完善的基层组织工作体系，是当下社会主义发展的未来趋势。我国社会的基层主体在农村、企业、社区、学校和机关。因此，建设基层组织的工作尤为重要，精简工作队伍，强化基层制度，切实地提高基层工作能力。

基层组织工作遍布社会的各个角落，对我国农村而言，村庄就是最基层的所在。而对城市而言，社区、高校、企业、机关就是基层组织工作的基础单位。社区基层组织建设要以社会党建为核心，以居委会基层组织建设为辅助，这也是突破城市党建困难的重要途径。在高效组织建设的问题上，通过学校培养基层组织人才，大力推动社会基层组织工作的快速发展。

在未来的发展趋势上，基层组织工作越来越重要。基层组织工作作为党组织工作的先锋，就要做到务实创新，把基层组织的任务落实到具体工作中，在积极创新的同时，也不能忘记全面从严治党，用积极的改革精神，以及务实的创新思维，持续不断地推动党和国家的基层组织制度改革，为全面完善人才培育体系和组织工作提供发展动力。

二、基层组织工作的特点

第一，基础性。基层组织工作直接面对广大人民群众，是党和国家政策落实到基层的关键环节，具有基础性地位。这些基层组织是党和政府联系群众的桥梁和纽带，是推动各项政策顺利实施的重要力量。他们在确保政策的有效传达和执行方面发挥着至关重要的作用，同时也是收集和反映群众意见和需求的重要渠道。基层组织工作的扎实与否，直接关系到党和国家政策的落地效果，影响着人民群众的切身利益。因此，加强和改进基层组织工作，提高其服务群众的能力和水平，是推动社会主义现代化建设的重要保障。

第二，群众性。基层组织工作始终以满足群众的实际需求为核心，通过各种有效手段和措施，充分激发和调动广大群众参与社会事务的积极性和主动性。这种工作方式具有广泛的群众基础，能够使广大群众在实际生活中感受到组织的温暖和关怀，进一步增强他们对社会事务的参与意识和责任感。基层组织通过贴近群众、了解群众、服务群众，不断推动各项工作的深入开展，从而实现社会的和谐稳定和持续发展。

第三，多元性。基层组织工作在社会治理、公共服务以及群众工作等多个领域中发挥着至关重要的作用。这些工作内容丰富，涵盖广泛的主题和任务，旨在满足社区居民的各种需求。基层组织不仅需要处理日常的行政事务，还要积极参与社区发展规划、环境保护、教育普及、健康促进等方面的工作。此外，基层组织还需要通过各种形式的活动和项目，与居民建立紧密的联系，了解他们的实际需求和困难，从而提供更加精准和有效的服务。

在形式上，基层组织工作同样多样化，包括但不限于社区会议、工作坊、宣传活动、志愿服务等。这些活动不仅有助于提高居民的参与度和满意度，还能增强社区的凝聚力和居民的归属感。通过这些形式多样的工作，基层组织能够更好地履行其职责，推动社区的和谐发展，提升居民的生活质量。

第四，实践性。基层组织工作在实际操作中尤为重视，强调通过具体行动来解决实际问题，显示出其具有极强的实践性。这种工作方式要求基层组织必须深入实际，了解群众需求，制订切实可行的措施，并且在实施过程中不断调整和完善，以确保问题能够得到有效解决。基层组织工作的实践性不仅体现在对具体问题的处理上，还体现在对政策的落实和推广上，通过实际操作来检验政策的可行性和效果，从而为上级决策提供有力支持。基层组织工作的成功与否，直接关系到整个组织系统的稳定和发展，因此，注重实际操作和解决实际问题显得尤为重要。

三、基层组织工作的重要意义

基层组织工作作为组织工作的基本构成单位，始终占据着极为重要的位置，是发挥党和国家组织力量的基础。可以说，基层组织工作担负着凝聚人民群众信念的重要职责，是党能够从容应对各种挑战，并始终保持先进性的重要保障。

第一，促进社会和谐稳定。这些基层组织紧密地贴近群众的日常生活，具备敏锐的感知能力，能够捕捉到社会情绪中那些微妙而细微的变化。他们在矛盾和纠纷尚未爆发之前，便能有效地进行化解，将其扼杀在萌芽状态。通过定期地走访、召开各种形式的座谈会以及其他多种方式，基层组织深入地了解民众的实际需求和心声。他们及时地将民众关心的热点和难点问题反映给上级部门，并积极协助解决这些问题，从而有效地减少了社会冲突的发生。这种做法不仅增进了邻里之间的和睦关系，还为构建一个和谐稳定的社会打下了坚实的基础。

第二，推动政策有效实施。政策的真正生命力体现在其执行过程中，而基层组织正是这一过程中的关键环节，被称为政策执行的"最后一公里"。这些基层组织承担着将上级部门制定的宏观规划转化为具体行动的重要任务。他们深入了解本地的实际情况，结合实际需求，制定出切实可行的实施方案，确保政策能够精准落地，发挥其应有的作用。基层组织通过多种手段，如组织动员、宣传教育等，有效地提升政策的知晓率和公众的参与度。他们努力确保政策的红利能够真正惠及每一个家庭和个人，从而推动经济社会的全面发展。这些组织在政策执行过程中起到了桥梁和纽带的作用，使得政策不仅仅停留在纸面上，而且真正转化为人民群众看得见、摸得着的实实在在的成果。通过他们的努力，政策得以在基层生根发芽，开花结果，最终实现其预定的目标和愿景。

第三，增强公共服务能力。基层组织直接面对群众，承担着办理各类民生事务的重要职责，包括社会保障、医疗卫生、教育就业等方面。他们是群众获取公共服务的第一站，是连接政府与民众的桥梁。通过不断优化服务流程、创新服务模式，基层组织能够显著提升服务效率和质量。这样一来，群众能够享受到更加便捷、高效的服务体验，从而增强人民群众的获得感和幸福感。基层组织的努力不仅提高了公共服务的水平，还进一步密切了政府与群众之间的联系，促进社会的和谐稳定。

第四，促进民主参与与自治。他们通过建立健全居民会议、议事协商等机制，积极鼓励和引导群众有序参与社区事务的管理，使他们能够充分表达自己的意愿和诉求。这种自下而上的参与模式，不仅极大地增强了民众的主人翁意识，还有效地促进决策的科学化和民主化。通过这种方式，社区能够更好地了解和满足居民的需求，从而为构建共建共治共享的社会治理格局提供有力的支撑和保障。

第五，培育社会资本与凝聚力。通过精心策划和组织各类丰富多彩的文化活动、志愿服务以及其他形式的社区活动，基层组织能够有效地促进居民之间的交流与合作。这些活动不仅为居民提供了相互认识和了解的机会，还为他们搭建了一个共同参与、共同分享的平台。在这个过程中，居民们能够增进相互之间的理解和信任，打破彼此之间的隔阂和陌生感。通过这些活动，居民们能够感受到社区的温暖和凝聚力，从而更加积极地参与到社区建设中来。这种积极向上的社区氛围不仅能够提升居民的幸福感和归属感，还能够激发他们的创造力和活力。居民们在参与活动的过程中，不仅能够学到新的知识和技能，还能结识志同道合的朋友，形成一个紧密的社区网络。这种基于共同价值和利益的社会资本，是社会持续发展和进步的重要动力。它不仅能够促进社区内部的和谐与稳定，还能为社区的长远发展提供坚实的基础。社会资本的积累和增强，有助于形成一个互助合作、共同进步的社会环境，从而推动社会的全面发展和进步。

四、基层组织工作的主要内容

第一，社会治理。通过积极参与社区管理、维护社会治安、调解矛盾纠纷等工作，基层组织在保障基层社会的和谐稳定方面发挥了重要作用。具体来说，基层组织会定期开展安全检查，确保居民的生命财产安全；进行环境整治，改善居民的生活环境；管理流动人口，确保社区的安全有序；以及开展社区矫正工作，帮助矫正对象重新融入社会。这些措施共同构成了基层组织在社会治理方面的全面工作。

第二，公共服务。在公共服务方面，基层组织致力于为居民提供全方位的基本服务，以满足群众日益增长的多元化需求。这包括提供社区教育，让居民在社区内就能享受到优质的教育资源；开展社区卫生服务，提供便捷的医疗服务；实施社区养老计划，为老年人提供贴心的养老服务；提供就业援助，帮助居民找到合适的工作；以及改善住房条件，确保居民有良好的居住环境。这些服务项目涵盖居民生活的方方面面，极大地提升了居民的生活质量。

第三，群众工作。通过走访慰问，基层组织深入了解居民的生活状况，关心他们的实际需求；通过民意调查，收集居民对社区建设的意见和建议，及时调整工作方向；通过政策宣传，让居民了解国家的最新政策，增强他们的政策意识。此外，基层组织还会开展各类志愿服务活动，为居民提供实实在在的帮助；搭建群众交流平台，促进居民之间的沟通与交流；推动群众自治，让居民参与到社区治理中来，共同建设美好家园。这些措施有效地拉近了基层组织与居民之间的距离，增强了社区的凝聚力。

第四，自我管理。自我管理是基层组织提高工作效率、确保各项工作有序开展的关键。基层组织通过建立健全内部管理制度，规范工作流程，提高工作效率。具体来说，基层组织会制定一系列规章制度，明确工作职责和行为规范，确保各项工作有章可循；加强队伍建设，提升工作人员的专业素质和服务水平，打造一支高效能的团队；优化工作流程，简化办事程序，提高工作效率和服务质量。通过这些措施，基层组织能够更好地履行其职责，为居民提供更优质的服务。

第二节 基层组织的根基——农村

一、农村的概述

（一）农村的定义与特征

农村，通常指的是以农业生产为主要经济活动，人口密度相对较低，且居民点多以散居形式存在的地区。这一定义强调了农村的经济基础和生活方式，即依赖于土地资源的开发利用，以及与之相适应的社会结构和文化传统。农村的特征主要包括以下四点。

第一，经济活动的农业主导性。农业生产是农村经济的基础，包括种植业、林业、畜牧业和渔业等，这些活动直接依赖于自然资源，尤其是土地和水资源。

第二，人口分布稀疏。相比城市，农村地区的人口密度较低，居民往往分散居住在小型聚落中，如村庄、农舍等。

第三，社会结构紧密。农村社区往往有着较强的家族和邻里关系，社会互动频繁，传统习俗和社会规范对居民行为有着显著影响。

第四，自然环境的依赖性。农村的生产生活方式高度依赖于自然环境，气候变化、自然灾害等自然因素对农村社会经济有显著影响。

（二）农村的功能与价值

农村不仅是国家粮食安全的基础，也是生态安全的重要保障，同时发挥着文化传承和社会稳定的多重功能。

第一，粮食安全。农村是粮食和其他农产品的主要生产地，对于维护国家食品安全具有不可替代的作用。

第二，生态服务。农村地区拥有丰富的生物多样性，是生态系统服务的重要提供者，如水源涵养、土壤保持、气候调节等。

第三，文化传承。农村是传统文化和习俗的重要载体，许多非物质文化遗产和民间艺术形式在农村得以保存和发展。

第四，社会稳定。农村为社会提供广阔的生活空间和经济机会，有助于缓解城市人口压力，促进社会整体的和谐稳定。

二、农村推动基层组织全面发展

（一）改善农村基层组织形式，增加农村经济效益

在农村地区，"农村基层组织是落实惠农政策，促进农业生产，提高农民收入，改善农村民生的重要力量。"[①] 大力加强农村基层组织建设，不断强化新农村基层战斗力与凝聚力，使基层组织能成为推动新农村建设的组织保障。建立一支具有创新精神，富有战斗力的队伍，就必须从基础出发，抓住关键点，从根本上改善农村基层组织形式，增加农村经济效益。

1. 聚焦农村基层组织工作核心要点

以推动农村经济发展、提升广大农民收入水平为根本目标。实现共同富裕，须依赖健全的管理制度与勤勉尽责的管理团队，二者相辅相成。

（1）优先选拔和培养优秀的领导者。只有当干部队伍能够充分履行其职责，才能够有效地推动农村基层组织工作的不断进步和发展。通过选拔那些具备领导才能、责任心强，并且深得民心的干部，才能确保农村基层组织的工作能够顺利进行。这些领导者需要具备良好的组织协调能力，能够带领团队解决实际问题，推动各项政策的落实。同时，他们还需要具备敏锐的洞察力，能够及时发现农村

---

① 柴学友，于帮存. 农村基层组织工作人员职务犯罪调查［J］. 人民检察，2013（24）：49.

发展中的问题和需求，从而制定出切实可行的解决方案。通过这样的领导者，才能确保农村基层组织工作能够不断向前发展，真正为农民群众谋福祉，推动农村社会的和谐稳定。

（2）为了持续地吸纳新生力量，积极引进年轻人才，从根本上改善农村基层组织工作中普遍存在的老龄化问题。通过淘汰那些能力不足、占位不谋事的人员，可以为那些具备知识、文化背景以及热情的年轻人提供一个展示才华的舞台。这样，他们就能充分发挥自己的潜力，为农村基层工作贡献自己的力量。

（3）重视教育培训工作的重要性。引进人才固然重要，但培养人才同样不可或缺。通过构建一个完善的人才体系，为农村基层组织工作持续不断地输送专业人才。通过系统的学习与教育，不仅能够提升农村基层组织队伍的文化素养和专业技能，还能加强思想教育，净化基层干部队伍。这不仅是摆脱农村基层人才困境的根本途径，也是实现长远发展的关键策略。

（4）深刻总结经验教训，构建一个合理的农村基层组织结构。重点培养创新意识和市场敏锐度，建立一个德才兼备的人才库，为农村基层组织工作提供坚实的人才支撑。通过这样的措施，可以确保农村基层组织能够更好地适应时代发展的需求，推动农村经济的持续发展。

（5）着重提升农村基层干部的综合素质，强化他们的引领作用。为此，建立一套长效的教育培训机制，形成一套系统完备的培训规划。充分利用现代科技手段，提高干部队伍和民众对新农村建设的认知，增强农民的民主意识。同时，还应当积极推广实用科技，使干部群众既懂市场又能驾驭市场，从而更好地适应市场经济的发展需求，推动农村经济的繁荣。

2. 突破农村基层组织工作发展瓶颈

创新基层组织工作机制，改变过去陈旧的工作方法，充分发挥基层支部先进性，加快民主化进展，构建科学合理的基层组织制度。健全村委会的相关制度，提高整体决策水平。健全管理制度，实现公开、公正、公平的管理规范，在贯彻执行政府政策的同时，形成廉洁勤政的新农村基层组织体系。推进新农村建设，既要依靠政府机构推动，更要以人民群众为核心。建立合理化薪资待遇，提高相关人员工资水平，逐步解决工作人员的后顾之忧，使其能够全身心投入基层组织工作中去。形成一套完善的奖励惩罚机制，尤其是领导干部责任制要落到实处。农村基层组织是贯穿国家政策执行最基本的单位，必须明确工作职责，制定合理化考评制度，进一步强化基层组织整体效能，增强农村基层组织活力。

3. 解决农村基层组织工作痛点问题

根据地方经济发展特色，因地制宜协调产业发展路线，优化地方产业结构，着重解决农民实际增收问题。通过基层组织结构调整，积极转变产业模式，切忌盲目跟风，从实际情况出发，认真调查地方特色，寻找支柱产业，通过稳妥发展逐步改善农村经济环境。

利用大户带动全村改革，努力找寻适宜地方经济发展的路线，不但能够充分解决农民就业难的问题，还能一并解决农产品销售难的问题。面对时代潮流，抓住机遇，发挥敢打敢拼的传统风格，不断壮大农村集体经济格局，深入开展招商引资活动，利用各种渠道拓宽农村经济发展道路。充分利用现有资源，扩大产业规模，在鼓励民间资本投入的同时，还要注重公共事业发展，逐步改善农村基础建设薄弱环节。建立公开透明的财务管理制度，确保集体资产得到合理有效的配置与利用。

农村一直以来都是我国经济发展的焦点，农村基层组织工作更是我国基层组织工作中的重要核心，只有建立完善的农村基层组织体系，才能促进整体基层组织进行改革，才能为构成未来社会主义新农村奠定坚实基础。

（二）为农村构建和谐社会提供基石，提升农民精神层次

构建和谐新农村不仅仅是提高农村社会水平，更重要的是提升农民的精神层次，在全力消除社会差距的同时，努力使社会环境更加公平、公正是未来农村基层组织工作的重心。

第一，肯定广大人民群众在社会实践中所发挥出的创造力与自我意识，我国农村所取得的成就都是由农民自身创造出来的。所以解决当前"三农"问题，还必须依靠农民自身创造力来完成。如果认识到这一点，就要充分肯定农民的自我意识，这样才不会出现基层组织凌驾于农民之上的现象，这也是在过去很多基层组织总是好心办坏事的主要原因。因此，在农村基层组织在建设农村的过程中，

走到农民之中，给广大农民带去新思想、新方向，引导人民群众走上正确的路线。

第二，找到适宜农村基层组织的发展目标，在基层组织中凸显村委会的作用，为新型经济发展模式提供一个可靠的经济组织，将农业产业化发展进行统一化管理，形成链条化结构，改变过去单一产业模式，农业未来发展需要将同一生产链条上的不同环节进行统一管理，这就需要基层组织机制灵活应对。

第三，强化农村基层组织执政能力，使其成为推动和谐新农村建设的坚实基础。加强农村基层组织执政能力，提升基层组织职能转变的能力。和谐新农村不仅要依靠市场经济来提升物质生活，更需要建设健全人民群众精神文明生活，农村基层组织工作也需要针对这两个方面进行改革与创新，做到物质生活与精神生活协同发展。在紧抓经济建设的同时，还不能放松对思想道德修养的培育，深入了解农民心理动态，以便及时调整政策，尽量减少在发展过程中产生的矛盾与分歧。

农村作为我国最基础的组织形式，涵盖我国最为广大的农民群体，在构建社会主义新农村过程中，不可避免地要面对农村基层组织工作的种种难题。因此，将农村作为国家基层组织转型中最重要的环节来对待，这样才能为构建社会主义和谐社会提供保障。

（三）建设健全农村基层组织制度，建设具有战斗力、高素质的基层组织队伍

第一，规范农村选拔制度，通过依法管理确立人员选拔机制。能否提高基层组织工作能力，关键在于是否能够选好人、选对人。农村基层组织的核心机构在于村党支部与村委会，只有选好领头人，才能真正带动整体基层组织快速发展。通过制定标准，确立管理观念，培养出更加适应新时代环境，敢想敢拼的农村基层组织队伍。

第二，提高农村基层组织整体文化素质，着力于培养更多具有高素质、有文化、会技术的新型农民，这才是加快新农村建设的有力保障。普及文化知识，一是从领导干部抓起，通过多种形式将文化素养、科学知识、法律法规综合起来，

通过积极开展培训课程，充分激发农村基层组织潜力，使这些骨干力量武装起来。二是由上及下，通过领导干部模范带头作用的影响，促进人民群众努力学习进步，从而达成提高整体农民综合素质的任务目标，促使农村社会更加健康和谐。

第三，建立完善组织结构，弥补农村基层组织缺陷。通过强化教育培训机制，改善人员素质问题；通过引进外来技术人才，解决人才队伍老龄化问题；通过建立激励约束制度，提升人员工作激情。通过改善整体农村基层组织管理制度，以法律法规作为基础，制定出规范化的管理制度，以领导干部为先锋模范，进而影响农村整体社会环境，建立更加完善和谐的农村环境，这不仅能够积极解决萦绕在农民心中的主要问题，还能为建设社会主义和谐社会提供更为坚实的基础。

第四，大力发展基础设施建设，在提高个人素质的同时，还要通过政府支持发展基础建设，在提高广大农民群众的精神文化建设水平的基础上，更要切实为人民群众建设更为完善的基础设施，在保证物质基础的前提下，才能更好地构建精神文明世界。农村基层组织核心机构在于村党支部与村委会，因此健全"两委"制度是新农村发展的必由之路，充分发挥党员干部积极作用，广泛开展先锋带头活动，通过调整农村产业结构，采用先进科学技术，着眼于提高农村整体物质生活水平。继承传统文化精髓，融合时代发展精神，构建出和谐完善的精神文明工程，为解决农村基层社会矛盾，创建稳定和谐社会主义新农村而做出更大的贡献。

（四）将农村基层组织优势转化，为新农村建设发展动力

第一，创新人才选拔制度，从农村改革实际情况出发，优化农村基层组织队伍结构。通过公开选拔的模式，拓宽人才吸引路径，不论是什么地方的人，什么样的人，只要具有真才实学，并且能在公平公正的竞争机制中脱颖而出的，都将成为农村基层组织队伍中的"新鲜血液"。只引导人才是不够的，还要自主培养，提高年轻人对农村基层组织工作的热情，改变他们对农村工作的认识，搭建青年领导干部后备平台，在实际工作之中充分展现出自身能力与创造力，从而提升农

村基层组织队伍的整体素质。

第二，强化干部队伍培训教育制度建设，形成一系列完整、多层次的人才培育体系。有针对性地合理布置培训教育任务，有计划有组织地实施培训机制，确保每一个基层领导干部都能在接受科学合理的培训后提升素质。针对具体情况，灵活运用培训教育机制，既有重点，又要兼顾全面，重点在于对现代农业生产、农村市场经济发展、科学技术应用以及依法办事等方面加大培训力度，同时还要强化党员干部先锋模范作用，通过深入学习中国特色社会主义思想，贯彻落实先进思想作风，转变陈旧观念，使每一个农村基层组织领导干部都能成为未来新农村发展的核心动力。

第三，完善考核、监督以及奖惩制度，规范农村基层组织工作。一要完善考核制度，将基层评价制度落到实处，使基层组织既能不断适应时代发展的需求，还能通过农民群众的考验。二要强化奖惩机制，在确保基本经济待遇的基础上，对于有责任心、有能力的农村基层组织工作者予以激励，激发他们的工作积极性。对于消极怠工、责任心不强的工作者要予以严厉的批评教育，保证基层组织队伍的先进性与纯洁性。建设一支既有坚定信念，又有能力、有责任、有品质的高素质人才队伍，是未来新农村发展的需求，是重点工作，也是首要任务。

新时代为新农村建设提出了新要求，在完成时代赋予的任务的过程中，人才队伍整体素质是最基础的条件，创新领导干部选拔制度，完善培训教育机制，在不断引入外来人才的同时，也不能忽视自身人才培育工作。强化奖惩制度，为农村基层组织源源不断地提供新鲜活力，这也将基层组织优势转化为新农村建设发展动力。

（五）健全村委会制度，促进农村社会建设

农村基层组织的重点在于村民委员会，村民委员会作为农村社会基层群众自治性组织，在构建社会主义新农村事业中起到了至关重要的作用。村委会制度一定要根据地方特色，制定适宜的发展路线，协调村民与政府之间的关系，充分体现出基层村委会的重要意义。通过健全村委会制度，能在经济、政治、文化建设等方面稳定农村基层。同时也为促进农村社会建设，强化农村基层民主制度，积

极解决"三农"问题提供保障。在全面转型的关键时期，村民委员会对维护农民基本权益与农村社会环境长治久安，具有不可替代的重要意义。

村委会制度是农村基层组织在实行民主建设过程中必不可少的重要环节，更是对政府基层权力结构的制度性延伸。作为社会机制中最基础的元素，不仅发挥着政府辅助作用，更是带领广大农民群众开展自治活动的先锋。由于村委会是群众性组织，因此，村民的支持才是其权力的来源，农民可以通过村委会来表达自身建议，并充分行使自己的监督权。村委会是依靠村民自治性组织起来的，也就是说全体村民在本地区以国家宪法、法律为基础，进行自我管理与教育，行使人民民主权益。

社会主义新农村正在成为当下农村社会发展的重要方向，村委会在其中发挥着重要组织引导作用。村委会通过积极组织，正确引领，使得传统农业正在向科技农业快速升级，不但增加了农民收入，也大幅度地提升了农民生活水平。村委会通过积极推进农村基础设施建设，改善农村社会环境，提高精神文明素质，对丰富农民娱乐生活做出极为重要的贡献。也是因为村委会的正确指导，农村社会正在发生着翻天覆地的变化，并逐渐形成经济产业发展，生活水平提升，精神文明健康的社会主义农村新形象。

发挥村委会经济功能是建设新农村的意义。依靠本地特色产业，通过政府政策支持，建设专业化生产基地，成立农村合作社，以村委会领导合作社，合作社构建农产基地，农产基地带领农户，形成一系列产业发展模式，将零散农户统一整合在一起，把个人产品纳入整体生产链条中。打造产业品牌，提升农产品竞争力，为农村产业打开市场创造一个良好环境，使产业体系更加市场化，规模化。同时，在村委会协调下，大力发展多种经济模式，强化其他经济作物规模，通过科学合理化的教育培训，提升农民整体科学素质。

发挥村委会政治功能是建设新农村的重点。基层组织工作始终要坚持以党组织为核心，坚定不移地围绕党的领导。广大党员干部要继承革命传统，保持热忱心态，在工作中充满干劲，形成一支饱含凝聚力与战斗力的基层组织队伍。以农村合作社为核心，以农产基地为农村经济发展的关键点，将农民作为农村基层组织服务的主要对象，发挥村委会的政治功能，是建设新农村的重点所在。在这一思路的引领下，须进一步深化村民自治实践，让村委会真正成为村民自我管理、自我教育、自我服务的平台。通过建立健全村民议事会、道德评议会、红白理事会等群众自治组织，引导村民积极参与村级事务管理，激发村民的主体意识和参与热情，形成共建共治共享的乡村治理新格局。同时，注重提升村干部的综合素质和业务能力。定期组织村干部参加培训学习，不仅要加强党的理论知识学习，还要学习现代农业技术、市场经济知识、法律法规等，提高他们服务群众、引领发展的能力。鼓励村干部深入田间地头，了解农民所需所盼，切实解决农民的实际问题，成为农民群众的贴心人。

此外，还要积极探索农村集体经济发展的新路径。依托当地资源禀赋，大力发展特色农业、乡村旅游、农村电商等产业，培育壮大农村集体经济，增加农民收入，提高农民生活水平。同时，注重生态保护和文化传承，让新农村建设在保持绿水青山的同时，也留住乡愁记忆，实现经济、社会、生态效益的有机统一。

在推进新农村建设的过程中，应注重发挥先进典型的示范引领作用。深入挖掘和宣传一批在乡村振兴中涌现出的先进典型和感人事迹，用他们的实际行动和成功经验激励广大村民投身到新农村建设的伟大实践中去，形成比学赶超、竞相发展的良好氛围。

第三节 农村基层组织功能与建设原则

一、农村基层组织的功能

农村基层组织是指在农村设置的，国家治理体系中的最低层次，直接为当地居民提供管理、生产、生活等服务的社会实体单位，具有农村性、直接性、简单性、区域性等显著特点。

（一）农村基层组织的政治引领功能

第一，宣传党的政策。农村基层组织是党的政策宣传的重要窗口，它通过多种形式和途径，如村民大会、党员学习会、宣传栏、网络平台等，确保党的路线方针政策能够深入农村，传达到每一位村民心中。这种宣传不仅限于口头传达，还包括对政策的解读、实施效果的展示，以及如何将政策与村民的实际生活相结合。通过这种全方位、多层次、宽领域的宣传，农村基层组织有效地提升农民对党的认同感和归属感，增强党在农村的凝聚力和影响力。

第二，加强党的建设。农村基层组织是党的战斗堡垒，其核心任务之一就是加强党的建设。这包括严格落实党的组织生活制度，确保"三会一课"① 等组织生活常态化、制度化；加强党员教育管理，通过定期培训、主题教育、实践锻炼等方式，提升党员的政治素养和业务能力；发展优秀青年农民加入党组织，为党的事业注入新鲜血液；建立健全党内监督机制，确保党员特别是党员干部能够廉洁自律，发挥先锋模范作用。

（二）农村基层组织的经济发展功能

第一，推动产业发展。农村基层组织在推动农村经济发展中扮演着重要角色。它通过市场调研，了解市场需求，结合当地资源优势，引导农民发展特色产业，如特色种植、养殖、乡村旅游等。同时，基层组织还协助农民成立合作社、家庭农场等新型经营主体，提高农业产业化水平，增加农民收入。此外，基层组织还积极争取政策支持，为农民提供资金、技术、信息等帮助，推动农村经济持续健康发展。

第二，促进就业创业。农村基层组织通过开展就业技能培训，提高农民的就业能力。培训内容涵盖农业技术、家政服务、电子商务等多个领域，旨在帮助农民掌握一技之长。同时，基层组织还建立就业信息平台，收集和发布就业信息，帮助农民实现家门口就业。对于有创业意向的农民，基层组织提供创业指导、政策咨询、资金扶持等服务，鼓励和支持农民创业，给农民提供更多就业机会。

---

① "三会一课"是党的组织生活的基本制度，其中"三会"指的是定期召开支部党员大会、支委会和党小组会，"一课"则是按时上好党课。

（三）农村基层组织的社会服务功能

第一，民生保障。农村基层组织始终将民生问题放在首位，致力于解决群众生活中的实际问题。在养老方面，基层组织推动建立和完善农村养老服务体系，发展居家养老、社区养老等模式；在医疗方面，基层组织协助推进农村合作医疗制度，提高农村医疗服务水平；在教育方面，基层组织关注农村教育质量，推动教育资源均衡配置，保障农村孩子接受良好教育。

第二，社会救助。农村基层组织建立健全社会救助体系，对困难群众实施及时有效地救助。这包括对低收入家庭的救助、对孤寡老人的关怀、对残疾人的帮扶等。基层组织通过入户走访、摸底排查，确保救助政策精准落实，让每一位需要帮助的群众都能感受到社会的温暖。

（四）农村基层组织的文化传承功能

第一，弘扬优秀传统文化。农村基层组织深入挖掘和传承乡村传统文化，如传统节日、民间艺术、非物质文化遗产等。通过举办节日庆典、文化展览、技艺比赛等活动，基层组织不仅传承了传统文化，还培育了文明乡风、良好家风、淳朴民风，增强村民的文化自信和民族自豪感。

第二，丰富文化生活。农村基层组织注重丰富农民的精神文化生活，通过建立文化活动中心、农家书屋、文化广场等设施，为村民提供学习、娱乐、休闲的场所。同时，基层组织还组织开展各类文化活动，如文艺演出、体育比赛、知识讲座等，满足群众多样化的文化需求，提升农村文化生活的品质。

（五）农村基层组织的生态保护功能

第一，环境保护。农村基层组织在推动农村经济发展同时，高度重视环境保护。它通过宣传环保法律法规，增强农民的环保意识，引导农民参与生态环境保护，如垃圾分类、节能减排、植树造林等。基层组织还监督农村生态环境，防止污染事件发生，保障农村生态环境安全。

第二，资源利用。农村基层组织在资源利用方面，坚持可持续发展原则，合理规划和利用农村土地、水资源、森林等自然资源。推动农业绿色生产，发展循环经济，减少资源浪费，保护农村生态环境，为后代留下绿水青山。

二、农村基层组织的建设原则

（一）时代性原则

随着时代的发展和社会的进步，农村基层组织建设也面临着新的机遇和挑战。不同历史时期农村基层组织建设的工作目标、组织架构、侧重点等都有所不同。因此，要始终保持与时俱进的精神状态，不断适应时代变化的要求，推动农村基层组织建设的创新发展。

当前，社会主义民主政治建设正在不断完善和发展。加强农村社会治理创新，推动自治、德治、法治的有机结合。同时，将"社会协商"和"科技支撑"纳入社会治理体系之中，为农村基层组织建设注入新的活力和动力。通过这些措施的实施，可以更好地满足农民群众的需求和期望，推动农村社会的全面发展和进步。

（二）先进性原则

在农村基层组织建设过程中，应该遵循这一原则和方法论要求。通过树立典型、推广经验的方式，可以更好地发挥先进示范区的引领作用和带动作用，推动农村基层组织建设的整体提升。例如，绍兴的"枫桥经验"①、许昌市魏都区和辽阳市白塔区的网格化组织创新等都是值得学习和借鉴的优秀案例。加强对先进示范区的实地走访和深入研究，深入了解其成功经验和做法背后的原因和机理。

---

① 绍兴的"枫桥经验"起源于20世纪60年代初的诸暨枫桥，其核心是坚持党的群众路线，充分发动、组织、依靠群众解决群众自己的事情，实现小事不出村、大事不出镇、矛盾不上交。新时代的"枫桥经验"在绍兴得到了进一步的传承和发展，绍兴市出台了《绍兴市"枫桥经验"传承发展条例》，并制定了《关于坚持发展新时代"枫桥经验"开展"枫桥式"系列建设的指导意见（试行）》，以制度化、品牌化推动"枫桥经验"的发展。绍兴还开展了"枫桥式"系列建设"五争先"活动，评选示范乡镇（街道）、村（社区）等，以提升群众的获得感、安全感和幸福感。

然后结合本地实际情况有选择地借鉴和改进这些经验和做法，推动本地农村基层组织建设的创新发展。通过这种方式，可以更好地实现基层组织建设的先进性和创新性的提升，为农村社会的全面发展和进步提供有力支撑。

（三）整体性原则

建立党委领导、政府负责、民主协商、社会协同、公众参与、法治保障、科技支撑的社会治理体系，建设人人有责、人人尽责、人人享有的社会治理共同体。这一要求的提出，为农村基层组织建设指明了方向。

实现乡村社会的有效治理，需要全党全社会的共同努力。除了党中央的坚强领导外，还需要各级机关、企事业单位以及广大农民群众的积极参与和配合。充分发挥各自的优势和作用，形成合力，共同推动农村基层组织建设的深入发展。同时，要注重加强基层组织的自身建设，提高其服务群众的能力和水平，为农村社会的和谐稳定和发展繁荣提供有力保障。

（四）有序性原则

中国共产党的领导是中国特色社会主义最本质的特征，是中国特色社会主义制度的最大优势。在历史的各个时期，中国共产党始终站在农村建设的前沿，以身作则，积极发动群众、武装群众、教育群众，为农村的发展注入了强大的动力。农村基层组织建设的有序推进，离不开中国共产党的坚强领导。这种领导不仅体现在党中央对农村工作的高度重视和全面部署，更体现在各级党组织，特别是基层党组织的扎实工作和无私奉献。

"加强农村基层组织建设，实现组织振兴，以组织振兴促进乡村振兴，是全面推进乡村振兴的必然要求和有效途径。"[①] 持续加强党建工作，推动乡村振兴战略的深入实施。在乡镇、村集中换届过程中，坚持高标准、严要求，选优配强乡镇领导班子、村"两委"成员，特别是村党组织书记，确保他们具备过硬的政治素质和领导能力。这些措施的实施，有力地彰显了农村基层组织建设进程中党

①陆彦，孙超，阮文彪. 以组织振兴促进乡村振兴的理论与实践——安徽省农村基层组织建设的经验及政策启示 [J]. 安徽农业大学学报（社会科学版），2022，31（5）：24.

的领导的极端重要性，为实现农村工作尤其是基层组织工作的有序开展奠定了坚实的基础。

···· 第四节 农村基层组织与乡村治理的关系

农村基层组织与乡村治理之间存在着密切而复杂的关系，这种关系对于推动农村发展、实现乡村振兴具有重要意义。

一、强化组织建设：促进乡村治理能力提升

一个健全且功能完善的农村基层组织体系，能够更有效地整合乡村资源，协调各方利益，推动乡村治理走向现代化。加强村民委员会的规范化建设，是提升乡村治理能力的重要途径。这不仅包括完善村委会的组织架构和工作机制，更需注重提高村干部的综合素质和治理能力。通过系统化的培训、深入学习和实际实践，村干部能够掌握更多的管理知识和技能，更好地服务于乡村治理。

一个健全的农村基层组织体系能够为乡村治理提供一个稳定而有力的支撑平台。它能够有效地整合乡村的各类资源，包括土地、人力、资金等，使得这些资源能够得到更加合理的配置和利用。此外，一个功能完善的基层组织体系还能够协调农村内部各方的利益关系，通过有效的沟通和协商，解决可能出现的矛盾和冲突，从而维护农村社会的和谐稳定。

加强村民委员会的规范化建设，是提升乡村治理能力的重要途径。规范化建设不仅包括对村委会的组织架构进行优化和完善，确保其能够高效运转，还包括建立健全的工作机制，使村委会的工作更加有序和规范。更为重要的是，提高村干部的综合素质和治理能力。村干部是乡村治理的直接参与者和执行者，他们的能力和素质直接影响到乡村治理的效果。因此，通过定期的培训和学习，村干部可以不断提升自己的管理知识和技能，更好地应对乡村治理中遇到的各种问题和挑战。

此外，一个高效的农村基层组织还能够促进信息流通和政策执行。在信息化

时代，信息的流通速度和广度对于乡村治理至关重要。一个高效的基层组织能够确保信息的快速传递和准确理解，使乡村居民能够及时了解政府的政策和措施，同时也能够将乡村的实际需求和问题反馈给政府。这样，政府的政策就能够与乡村的实际需求有效对接，从而显著提升乡村治理的效率和效果。通过这样的良性互动，乡村治理将逐步走向现代化，为乡村的可持续发展奠定坚实的基础。

二、优化服务供给：融合社会治理与公共服务

农村基层组织在提供社会治理和公共服务方面扮演着至关重要的角色，他们不仅是乡村治理的基石，更是村民生活的保障。这些组织不仅负责组织村民积极参与公共事务的管理，还致力解决各种社会矛盾和纠纷，维护乡村社会的和谐秩序。他们通过定期召开村民会议、设立意见箱等方式，广泛收集村民的意见和建议，确保村民的诉求能够得到及时有效地回应。

同时，农村基层组织还承担着提供教育、医疗、文化等公共服务的重要职责。他们根据村民的实际需求，合理规划服务资源，努力满足村民在各个方面的基本需求。通过建设乡村学校、卫生院和文化活动中心等设施，农村基层组织为村民提供便捷、高效的服务，显著提升村民的生活质量。

这些服务的提供，不仅极大地增强了村民的获得感和幸福感，也为乡村治理奠定了坚实的群众基础。一个能够有效提供公共服务的农村基层组织，能够赢得村民的信任和支持，从而更好地推动乡村治理的各项工作，确保乡村社会的稳定和发展。

农村基层组织不仅负责组织村民积极参与公共事务的管理，解决各种社会矛盾和纠纷，维护乡村社会的和谐秩序，还通过提供教育、医疗、文化等公共服务，满足村民在各个方面的基本需求，从而显著提升村民的生活质量。

三、发挥集体力量：评价基层组织综合影响

农村基层组织作为乡村治理的基本单元，具有贴近群众、了解民意的独特优势。他们不仅是政府与农民之间的桥梁和纽带，更是乡村治理中不可或缺的重要力量。

在政策宣传方面，农村基层组织能够将政府的方针政策及时、准确地传达给农民，确保政策的顺利实施。在民意收集方面，他们通过走访、调研等方式，深入了解农民的需求和诉求，为政府制定更加贴近实际的政策措施提供有力依据。

在矛盾调解方面，农村基层组织发挥着不可替代的作用，他们通过及时介入、公正调解，有效化解了各种社会矛盾，维护了乡村社会的和谐稳定。同时，农村基层组织还是提高农民参与乡村治理积极性的重要平台。通过参与基层组织活动，农民可以更加深入地了解民主法治知识，增强民主意识和法治观念，提升自身素质和能力水平，为乡村治理提供有力支持。

第三章 农民合作经济组织参与乡村治理的研究

第一节 农民合作经济组织的基本分析

农村社会组织是指在农村社会中，由从事经济、政治、文化和其他社会活动的村民，依据一定的目的，按照一定的程序和结构结合而成的社会共同体。合作社是由自愿联合的村民，通过其共同拥有和民主控制的企业，满足他们共同的经济、社会和文化需要及理想的自治联合体。农民合作经济组织是市场经济背景下的新型合作经济组织形式，其"新"体现在三方面：背景新，由市场经济催生；形式新，与传统农民合作经济组织不同；制度新，基于农业专业分工的生产经营合作，非简单合作社或人民公社方式，是生产方式、产品交换、流通组织及分配方式的创新。

一、农民合作经济组织的产生与发展

在我国农村特有的"双层经营体制"下，农民生产的自主性被极大地激发，进而追求经济利益成为他们的主要目标。这一追求不仅推动商品生产的发展，还促使农民积极参与市场竞争。内外生产动力的有机结合，促进农民之间的团结与合作，为农民合作经济组织的诞生奠定坚实的实践基础。

20世纪80年代后期，市场导向的农民合作经济组织应运而生。这些组织坚持家庭承包经营为基础，不改变土地承包经营权和农民财产所有权，遵循民办、民管、民受益的原则，因此深受农民欢迎并得到政府的大力支持，展现出强大的生命力。随着农村改革的深化和市场经济体制的确立，农民合作经济组织在20世纪90年代中后期得到快速、稳步地发展。这一发展主要受到农业和农村经济结构调整、改革开放的深入以及政府支持力度增强等多重因素的推动。

农民合作经济组织的产生不仅依赖于外部市场环境，还需要政策制度环境的支持。各级政府出台了一系列支持性的政策和法规，为农民合作经济组织的发展提供了良好的政策制度环境。从 1983 年的中央一号文件开始，就明确指出了发展合作经济的重要性，并陆续提出了一系列支持农民合作经济组织的政策措施。特别是 2007 年实施的《中华人民共和国农民专业合作社法》，明确了农民合作社的市场主体地位，规范了合作组织内部管理制度和行为，推动农民专业合作组织的规范化、制度化、法治化发展。

农民合作经济组织的产生还有其自身的产业特性，这是其能够产生和发展的内在因素。农业作为弱质产业，对市场的敏感度高而应对能力弱，同时农产品生产具有不稳定性、风险大、季节性、易损性强等特点。这些特性使得农民在面对市场竞争时处于弱势地位，因此更需要通过合作经济组织来增强自身的竞争力和应对能力。农民合作经济组织一般率先兴起于那些商品率高、农业剩余多、市场风险大、单个农户博弈弱势明显、交易频度高、规模经济明显、专业化程度高的农产品领域。

在市场经济背景下，农业生产的自然性、分散性以及农民个体生产的缺乏组织性，使得成立农民合作经济组织成为必要。而合作经济组织的建立需要诸多条件，其中发起人或组织者是关键因素。具有一定政治经济能力和社会影响的单位或个人，如村组织、农业企业、农业生产大户、农业经纪人以及乡镇政府下设的农技推广部门，往往能够成为农民合作经济组织的发起人或组织者，担当起领导农户生产致富的重任。

二、农民合作经济组织架构和类型

组织机构是一个把人力、物力和智力等按一定的形式和结构，为实现共同的目标和任务，有秩序地组合起来而开展组织管理活动的社会单位，这是农民合作经济组织正常运行的条件和保证。由于农民合作经济组织发起人不同、资产组成、经营方式和产业性质的差别，就出现了不同的农民合作经济组织类型。

（一）农民合作经济组织的架构

合作经济组织的组织机构是其组织正常运作和发挥作用的必要保证。综观世界合作经济组织发展的历史，虽因国家地区不同、发展水平的差异，合作经济组织的内容和形式上各有千秋，但总体上看，他们都遵循着合作经济组织的基本原则，在组织架构上也有相同或相似之处。由于合作经济组织在西方发达国家产生比较早，发展比较成熟，他们把西方公司分权制衡的公司法人治理结构理念和方法也用到合作经济组织的治理中，在合作经济组织内设置了包括权力机构、决策机构、执行机构、监督机构等在内的机构体系，使合作经济组织结构在制度安排上比较科学、规范。

在我国，农民合作经济组织借鉴和汲取了西方合作经济组织的优点，结合本土特色，在组织机构上也设置了类似权力机构、决策机构、执行机构、监督机构的组织管理、监督、协调部门。2007年7月1日实施的《中华人民共和国农民专业合作社法》更是合作经济组织法治化建设的重要体现。该法对我国农民专业合作经济组织的组织机构、运行制度等都有明文规定。

（二）农民合作经济组织的类型

农民合作经济组织是一个时空概念，包含合作方式、合作规模、合作内容和合作程度等不同的存在形式。对农民合作经济组织的划分，可以按不同的标准来分类，其中主要的类型有：

1. 根据兴办方式划分

农民合作经济组织根据不同的发起人和牵头者可分为以下四种类型。

（1）政府和村组织牵头型农民合作经济组织。这一般是由乡镇政府下属的农业技术推广服务部门和村组织引导和组织兴办的。这类合作经济组织一般是在经济不太发达的地区或者缺少经济能人牵头的地区成立。

（2）由准政府组织牵头型农民合作经济组织。这里的准政府组织，主要是指在计划经济条件下产生的具有合作组织性质和半官方性质的农村供销社、农村信用社。虽说农村供销社和农村信用社从性质上讲是合作组织，但在实际运作中带有准政府职能的性质，比如其机构、领导人等都是政府设置和任命的，不是组织成员选举产生的。在市场经济条件下，这些准政府组织，特别是农村供销社，通过参与和牵头在农民合作经济组织中发挥影响。

（3）大户牵头型的农民合作经济组织。主要是指在农村农业生产经营中，由从事同类农产品生产的大户牵头兴办，由大户发起，吸纳个体农户参加，在生产、销售、技术服务等方面进行合作的组织。

（4）由龙头企业牵头型的农民合作经济组织。主要是指涉农的农业生产或服务性龙头企业，在农业产业化经营过程中，为了稳定生产原料的供应、保证货源质量，开拓市场，就组织发起农民合作经济组织，实行"农户+公司"或"公司+合作经济组织+农户"的生产经营模式的组织。

此外，在实践中还存在农产品经纪人牵头成立的农民合作经济组织、其他社会力量组织如国际组织、社会机构等引导农户兴办的农民合作经济组织等。

2. 根据生产经营内容划分

（1）农业生产性合作社是指那些专门从事农业相关生产活动的合作社组织，这些活动包括但不限于种植、采集、养殖、牧养以及加工和建筑等领域。例如，手工业生产合作社主要集中在手工艺品的制作和生产上；农业生产合作社则涵盖广泛的种植和养殖活动，如粮食作物、蔬菜、水果、家禽和家畜等；而建筑合作社则专注于建筑施工和相关服务。这些合作社通过集体的力量，提高生产效率，降低成本，增加农民收入。

（2）农产品流通性合作社是指那些专门从事农产品购销、运输等流通领域服务业务的合作社组织。这类合作社的主要目的是更好地连接生产者和消费者，提高农产品的流通效率，降低流通成本。典型的例子包括供销合作社，他们通过集中采购和销售，为农民提供稳定的销售渠道和价格保障；运输合作社则专注于农产品的运输和配送，确保农产品能够快速、安全地到达市场。

（3）技术服务型合作社是指那些专门为农民提供各种农业技术服务的合作经济组织。这些服务包括农机的使用和维护、农业信息的提供、优质种子和育种技术的推广，以及农业技术的指导和培训等。这类合作社通过提供专业的技术支持，帮助农民提高农业生产效率，增加产量，提升农产品质量，从而增加农民的收入和改善农业生产条件。

（4）信用合作社是指那些专门为社员提供存款和贷款服务的合作社组织。这类合作社的主要目的是为社员提供便捷的金融服务，帮助他们解决资金短缺的问题，促进生产和生活的发展。典型的例子是农村信用合作社，他们通过吸收社员的存款，再将这些资金以较低的利率贷给需要的社员，帮助他们解决生产和生活中的资金需求，促进农村经济的发展。

（5）社会服务性合作社是指那些专门为社员提供各种生产生活便利服务的合作社组织。这类合作社通过提供各种社会服务，帮助社员解决生活中的实际问题，提高生活质量。典型的例子包括医疗合作社，他们为社员提供基本的医疗服务和健康咨询，保障社员的健康权益；租赁合作社则提供各种生产生活所需的设备和工具的租赁服务，帮助社员减少购买成本，提高资源利用效率。通过这些服务，社会服务性合作社为社员的生活和生产提供了极大的便利和支持。

在以上五种合作社中，前三者可以由农民自由兴办，具有农民合作经济组织的特征，而后二者更多带有公共产品和服务的性质，因此兴办要求严格，一般要由政府批准，有严格的审批成立程序。

3. 根据组织程度划分

根据组织程度划分，主要可分为以下两种类型。

（1）农民专业合作社。农民专业合作社是农民专业合作经济组织中的典型形式，其基本特征是从事专业生产的农民自愿入社，退社自由、平等持股、自我服务、民主管理、合作经营。这类合作组织一般是实体性的，内部制度比较健全、管理比较规范，与农民利益联系紧密，形成劳动者约定共营企业和社会利益共同体。农民入股须交纳一定股金，合作社除按股付息外，主要按购销产品数量向社员返还利润。专业合作社也是企业，需要在工商管理部门登记。

（2）农民专业协会。农民专业协会是一种较为松散的合作形式，包括农业服务协会和专业协会等。农业服务协会主要为农户提供综合性系列化服务，而专业协会则更侧重于某一特定领域或产业的服务和合作。这类组织在组织程度和紧密性上可能不如专业合作社，但在促进农民之间的信息交流、技术共享和市场开拓等方面发挥着重要作用。

4. 根据资产组织形式划分

根据资产组织形式划分，农民合作经济组织可分为股份合作社和非股份合作社，前者是通过发行股票而形成的合作社，股票的持有人就是合作社的股东和所有者，股份合作社成员不能退出合作社，只能通过出售其所有的股票的办法与合作社脱离关系，因此其股票可以买卖、转让或继承。股份合作社与一般的合作社最大的区别在于，它只不过是以发行股票的办法筹集资金，其他方面仍与一般合作社无异。非股份合作社是指不发行股票，而是通过发给社员入股证书以证明他们在合作社中的权利地位，其特点与前者是相反的。

三、农民合作经济组织的功能

（一）政治监督功能

农民合作经济组织还具有一定的政治监督功能。作为农民自己的组织，他们可以代表农民参与农村政治生活，监督政府行为，维护农民的政治权益。

具体而言，农民合作经济组织可以通过参与村民会议、村民代表会议等途径，表达农民的意愿和诉求，监督政府决策和执行过程。同时，他们还可以通过舆论监督、社会监督等方式，揭露和纠正政府行为中的不当之处，进而维护农民的合法权益。

政治监督功能的实现，需要农民合作经济组织具备较强的民主意识和法治观念。只有通过依法监督和民主参与，才能确保政府的决策和执行过程更加公正、透明，从而更好地维护农民的政治权益。

（二）维护权益功能

农民合作经济组织在维护农民权益方面也发挥着重要作用。在市场经济条件下，农民往往面临各种权益受损的风险，如土地被非法侵占、农产品价格被压低、劳动权益被侵犯等。农民合作经济组织通过集体行动，为农民提供了一个维护自身权益的平台。

具体而言，农民合作经济组织可以通过法律途径，代表农民维护其土地权益、劳动权益等。例如，当农民的土地被非法侵占时，农民合作经济组织可以组织农民集体维权，通过法律手段追回失地。此外，农民合作经济组织还能通过谈判和协商，提高农产品价格，保障农民的收益权。

维护权益功能的实现，需要农民合作经济组织具备较强的组织能力和法律意识。只有通过有效的组织和法律手段，才能确保农民的权益得到有效维护。

（三）农业产业化推进功能

农业产业化是现代农业发展的重要方向，而农民合作经济组织在推进农业产业化方面发挥着关键作用。通过合作经济的形式，农民可以共同投资、共同经营农业产业化项目，从而实现农业生产的规模化和集约化。

具体而言，农民合作经济组织可以通过引进新品种、新技术、新设备等措施，提高农业生产的科技含量和附加值。同时，他们还可以通过品牌建设、市场营销等手段，提高农产品的知名度和市场竞争力。例如，某些地区的农民合作社通过发展特色农业产业，成功地将农产品打造成知名品牌，实现农业产业的升级和增值。

农业产业化推进功能的实现，需要农民合作经济组织具备较强的创新能力和市场敏锐度。只有通过不断地创新和适应市场需求，才能推动农业产业化的持续发展。

（四）增收益贫功能

增收益贫是农民合作经济组织的另一重要功能。通过合作经济的形式，农民可以共同投资、共同经营、共同分享收益，从而实现收入的增加。具体而言，农民合作经济组织通过规模经济、技术创新、成本控制等措施，提高农业生产效率，增加农产品产量和附加值。例如，某些农民合作社通过引进新品种、新技术，提高农产品的品质和产量，从而实现了农民收入的显著增长。

同时，农民合作经济组织还能通过内部的资金互助、信贷支持等措施，帮助贫困农民解决资金短缺问题，提高其生产能力和收入水平。这种内部的资金互助机制，不仅为贫困农民提供了必要的资金支持，还降低了融资成本，增强其自我发展的能力。

增收益贫功能的实现，依赖于农民合作经济组织的有效运作和科学管理。只有通过合理的组织结构和运行机制，才能确保合作经济组织的收益能够公平地分配给所有成员，从而实现真正的增收益贫。

（五）市场服务功能

农民合作经济组织在市场服务方面扮演着重要角色。他们通过组织农民集体行动，提高农民在市场中的谈判地位和竞争力。具体而言，农民合作经济组织通过集中采购、统一销售、品牌建设等措施，帮助农民更好地对接市场，降低交易成本，提高农产品的市场竞争力。例如，某些地区的农民合作社通过建立自己的销售网络，成功地将农产品打入高端市场，实现了农产品的增值。此外，农民合作经济组织还能提供市场信息，帮助农民了解市场动态，调整生产策略，从而避免盲目生产和市场波动带来的风险。

市场服务功能的核心在于提高农民的组织化程度，使其能够更好地适应市场经济的要求。在市场经济条件下，个体农民往往因为信息不对称、资源有限等原因而处于弱势地位。农民合作经济组织通过集体行动，为农民提供一个与市场对接的平台，使其能够以更加平等的地位参与市场竞争，分享市场带来的收益。

四、农民合作经济组织在新农村建设中的重要性

（一）化解矛盾纠纷，维护社会稳定

在新农村建设进程中，尽管政府出台了一系列惠农政策，但由于部分政策主要针对城市，导致农村农民存在理解偏差、支持力度不足甚至产生抵触情绪，进而引发对政策落实的不满。在此背景下，农民合作经济组织扮演着关键角色。通过组织农民直接参与惠农政策的执行，监督并反馈政策实施情况，不仅确保农民能直接受益于国家政策，还促进农村矛盾纠纷的有效化解，实现发展成果的共享。合作经济组织通过提供信息和技术支持，弥补了政府部门在处理农村矛盾时的局限性，特别是在信息不对称和管理缺位的情况下，成为维护农村社会稳定的重要力量。

（二）提供农业信息，助力政策制定

农业信息的准确性与及时性对于政府制定有效的农业政策及推动农村经济发

展至关重要。然而，信息渠道的不畅与传递延迟往往导致政策实施偏离预期，加之信息不对称，农民难以有效利用信息指导生产。农民合作经济组织凭借其紧密联系农户的优势，能够迅速捕捉市场需求与农业生产状况，多维度收集农业生产信息，并通过多种媒体平台向农户传播，有效解决信息梗阻问题。这不仅有助于政府制定更加精准的农业政策，还通过及时反馈农民生产信息，为政府调整政策提供重要依据，促进农业政策的科学性与实效性。

五、发展农民合作经济组织的现实逻辑

（一）整合要素，推动农业农村现代化

农民合作经济组织在整合生产要素方面发挥着关键作用。首先，它能够将分散的土地资源进行整合，形成规模化的农业生产基地。通过土地流转、股份合作等方式，实现土地的集中连片经营，提高土地利用效率，为农业农村现代化提供坚实的土地基础。其次，合作组织能够吸引和集中农村剩余劳动力，进行统一的劳动力调配和管理。通过技能培训、分工协作等方式，提升劳动力的生产技能和效率，为农业农村现代化提供有力的人力资源保障。此外，合作组织还能集中成员的资金，形成较大的资本规模，用于购买生产资料、引进技术等，降低融资成本，为农业农村现代化提供必要的资金支持。同时，合作组织能够引进和推广先进的农业技术，提升成员的技术素养和创新能力，为农业农村现代化提供强大的技术支撑。

农民合作经济组织在推动农业农村现代化方面也具有显著优势。首先，通过生产要素的整合，农业生产能够实现规模化、集约化经营，提高生产效率，降低生产成本，增强农产品的市场竞争力。其次，合作组织能够根据市场需求和资源条件，调整农业产业结构，发展高效、优质的农产品，满足消费者对多元化、高品质农产品的需求。同时，合作组织注重农业资源的保护和合理利用，推动农业生产的绿色发展，实现经济效益与生态效益的双赢。最后，合作组织能够提升农民的市场组织化程度，增强其在市场中的议价能力和竞争力，使农民能够更好地应对市场风险和挑战，分享现代农业发展的成果。

（二）搭建桥梁，沟通小农户与大市场

农民是"三农"问题的核心，也是农业市场中的主体，同时还是推进农村市场化的重要力量。乡村振兴战略下，小农户能否顺利进入和不断拓展市场是必须着力解决好的问题。农民合作经济组织被视为破解"小农户"与"大市场"矛盾的金钥匙——走农业联合化发展的道路，依靠组织合力，使分散的农民联合成为一个有机整体。通过发展农民合作经济组织，可以降低个体农户收集市场供求信息、竞争信息、政策信息成本以及经营交易成本，降低农业生产经营专用资金融资难度，推动农户间建立多样化的利益联结机制，从而形成强大的市场竞争力，为小农户提供"庇身之所"。只有将农民充分组织起来，以农民合作经济组织为桥梁，对接"小农户"和"大市场"，才能把小农户尽快、安全、顺利地引入国内外市场，走上现代农业市场化发展道路，提高农产品的市场竞争力和市场占有率。因此，从解决"小农户"与"大市场"之间固有矛盾来看，乡村振兴背景下发展农民合作经济组织能使分散经营的农民联合成为一个有机的整体，建立、深化小农户间利益联结机制，提高市场竞争力。

（三）发挥优势，优化农村产业结构

产业是发展的根基，产业兴旺，乡亲们收入才能稳定增长。促进乡村产业振兴是推动农村经济社会发展的关键。唯有乡村产业逐步优化，深度开发农业产业发展潜能，才能从根本上解决"三农"问题，走上乡村全面振兴发展之路。农民合作经济组织是发展综合农业的主体，也是推动农村产业多元化发展，产业结构优化升级的重要基础。

第一，农民合作经济组织可以根据当地的实际情况，助力农户找到一条更适合本区域的产业发展路径，根据区位优势和特色等挖掘主导产业，并通过创立品牌等途径来更好地推动主导优势产业发展。

第二，农民合作经济组织能够利用资源整合优势来搭建产业链，实现生产、加工、储运到销售等一系列环节有机耦合，并且实现专业化、产业化的发展。

第三，发展农民合作经济组织可以利用组织起来的优势，延长农业产业链，

同时推动农耕体验、生态教育、乡村旅游、自然康养等乡村特色农业发展，让农民享受多方面的收益。因此，乡村振兴背景下发展农民合作经济组织，可以有效地推动乡村产业结构优化升级，推动农村生产、经营多元化，应对我国农村产业结构调整缓慢的问题，成为推动乡村全面振兴的动力源。

（四）缓解融资压力，提高资金效率

随着我国农业生产管理朝着信息化、科技化、标准化的方向不断发展，农业生产成本日益提高，生产模式也从传统、单一的劳动密集型产业，逐步向资本密集型产业过渡。农业生产呈现出的新特点，使得农业资金的聚集和使用效率成为推动农村经济社会发展的关键因素。

第一，在农业生产中农民合作经济组织能够发挥自身优势，助力农业生产融资。一是其作为一个信用主体，能以集体名义进行借贷，提高资金借贷效率。二是组织内部可以建立资金互助扶持机制，将组织成员的闲散资金进行汇集，用于农业生产过程的各个环节。

第二，农民合作经济组织也能够提高资金使用效率。在农业生产、经营、管理等各个阶段，依托集体智慧的力量和经营决策的科学性，引导农民适时、适度进行资金投入，实现资金利用效益最大化。因此，乡村振兴背景下发展农民合作经济组织，可以有效拓宽融资渠道，提高资金利用效率，应对我国农业生产过程中融资难、资金利用效率低的问题。

第二节　农民合作经济组织参与乡村治理的理论框架

一、农民合作经济组织参与乡村治理的理论基础

（一）多中心治理理论

多中心治理理论，起源于奥斯特罗姆夫妇的研究，强调在公共事务管理中存

在多个权力中心和服务中心，这些中心通过竞争与合作，共同提供公共服务，实现社会治理的多元化与高效化。在乡村治理的语境下，农民合作经济组织作为重要的非政府治理主体，与地方政府、村委会等传统治理机构形成多中心治理结构。农民合作经济组织通过整合农民资源，提供农业技术服务、市场信息、产品销售等多元化服务，有效补充了政府公共服务的不足，促进乡村经济的多元化发展。

多中心治理理论的应用，要求农民合作经济组织在乡村治理中不仅作为服务提供者，还需作为决策参与者，与政府、其他社会组织及农民群体共同参与到乡村发展规划的制定与执行中，通过协商民主的方式解决乡村治理中的复杂问题，实现治理效能的最大化。

（二）公共参与理论

公共参与理论，根植于民主理论与社会运动理论，主张公民应积极参与公共政策的制定与执行过程，以保障自身权益，促进公共利益。"农民合作经济组织是乡村经济发展的重要力量，同时也与乡村治理组织能力有着必然的联系。"[1]通过农民合作经济组织，农民可以更加有效地表达利益诉求，参与到乡村基础设施建设、环境保护、产业发展等公共事务的讨论与决策中，从而推动乡村治理的民主化与科学化。

公共参与理论视角下，农民合作经济组织的功能不仅在于促进农民的经济合作，更在于培养农民的公民意识，提升其参与乡村治理的能力，构建政府与农民之间的良性互动关系，实现乡村社会的和谐与可持续发展。

（三）利益集团理论

利益集团理论，主要探讨在社会政治过程中，具有共同利益的人们如何组织起来，通过集体行动影响政策制定，以维护或增进利益。在乡村治理中，农民合作经济组织作为农民利益的代表，通过集中表达农民的集体利益诉求，对地方政

---

① 熊懿. 农民合作经济组织参与乡村治理策略分析 [J]. 农业经济, 2020 (8): 81.

府决策产生影响，确保乡村政策更加符合农民的实际需要。

利益集团理论视角下，农民合作经济组织的有效运作依赖于其内部成员的利益整合能力与外部环境的制度支持。农民合作经济组织须建立有效的利益表达与协调机制，确保成员间的利益冲突得到妥善处理，同时，政府应提供必要的法律与政策支持，保障农民合作经济组织在乡村治理中的合法地位与功能发挥，促进乡村社会的公平与正义。

（四）社会资本理论

社会资本理论，由布尔迪厄、普特南等学者提出，强调社会关系网络、信任、规范等社会资本对于促进集体行动与社会发展的重要性。在乡村治理中，农民合作经济组织作为社会资本的重要载体，通过促进农民之间的合作与交流，增强乡村社会的信任与凝聚力，降低了交易成本，促进资源的有效配置。

社会资本理论视角下，农民合作经济组织的发展须注重培育乡村社会的信任文化，强化成员间的互惠规范，通过组织活动增强成员间的联系与认同，形成稳定的合作关系网络。同时，政府与社会应给予农民合作经济组织足够的支持与认可，鼓励其在乡村治理中发挥更大的作用，促进乡村社会的整体繁荣。

（五）可持续发展理论

可持续发展理论，强调在满足当代人需求的同时，不损害后代人满足其需求的能力。在乡村治理中，农民合作经济组织作为推动乡村经济、社会、环境协调发展的重要力量，通过推广生态农业、节能减排技术，参与乡村环境保护项目，促进乡村的可持续发展。

在可持续发展理论视角下，农民合作经济组织需将长期发展目标与短期经济利益相结合，引导农民转变传统生产方式，采用更加环保、高效的生产技术；同时，积极参与乡村生态修复与保护工作，提升乡村居民的生活质量，确保乡村发展的可持续性。政府应给予农民合作经济组织在可持续发展项目上的政策与资金支持，共同推动乡村走向绿色、低碳、循环的发展道路。

二、农民合作经济组织参与乡村治理的必然性

第一，有利于维护农村基层稳定。改革开放的浪潮冲击我国传统的经济体制，外来的各种价值观念和思潮影响着传统的价值取向和心理。在广大农村，推进农村基层民主政治建设已经成为农村经济和社会发展的迫切要求，而发展农民合作经济组织，可以培养农民的民主意识和参与意识，联结起来的农民可以在与政府互动的过程中更多维护自己的权益。因此，推动农民合作经济组织发展有利于加强农村政治建设，更有利于维护农民权益。

第二，有利于增强农村社会建设。当前存在乡村社会冲突和治理绩效问题。乡村社会面临的冲突和治理绩效问题是各参与主体利益匹配与实现问题。农民合作经济组织参与乡村治理，可以将农民联结起来，增进农民的信任，维护农民的利益，弥补村民自治弱化问题。农民合作经济组织可以把分散的农户整合起来，拓宽政府与农民沟通的渠道。通过这一渠道，政府可以加大对农村地区及农业的支持力度，改变农村居民的生活方式，从而加快农村社会建设的步伐。因此，推动农民合作经济组织发展有利于加强农村社会建设，夯实乡村治理的社会基础。

第三，有利于化解农村经济风险。乡村经济社会的发展离不开乡村基础设施的坚实支撑，我国农村基础设施建设大多来自政府的扶持和资助，而政府的扶持力度毕竟有限，因此，这种单一的形式会让乡村发展活力减弱。农民合作经济组织参与乡村治理，可以弥补政府投入不足，激活乡村活力，可以实现农业生产的专业化和规模化，化解农业生产风险，优化农业产业结构，增加农民收入。农民合作经济组织发展可以改变孤立、分散的小农生产方式，将分散的农户有效地组织起来。通过农民合作经济组织可以使各区域充分发挥资源禀赋优势，生产特色农产品，并就地加工和转化，延长农业产业链条，优化农业内部经济结构，提高农业的综合效益。因此，推动农民合作经济组织发展有利于化解农村经济风险，夯实乡村治理的经济基础。

三、农民合作经济组织参与乡村治理的内在条件

农民合作经济组织参与乡村治理除具有上述理论基础和政策支撑外，还具备

参与乡村治理的内在逻辑和组织能力，两者共同构成农民合作经济组织参与乡村治理的内在条件。

农民合作经济组织要实现组织发展，一方面，必然要为组织发展提供良好的道路、交通、水电、灌溉等基础性条件，满足上述条件是农民合作经济组织发展的前提。农民合作经济组织为其发展提供的系列生产生活条件建设与投入具有极大的正外部效应，使农民合作经济组织所在乡村基础性设施建设得以维护与改善。农民合作经济组织从组织自身发展角度为其成为乡村治理的新主体和参与乡村治理提供参与可行性。另一方面，农民合作经济组织的发展，离不开使用其所在乡村资源。然而资源总量固定，同时乡村社会主体除广大农民依法自愿联合组建的农民合作经济组织外，还有村党委和村民委员会及其他社会组织，农民合作经济组织要实现自身发展和实现乡村社会善治，必然要与村党委和村民委员会及其他组织博弈。从资源分散性理论视角而言，乡村社会治理资源呈分散性发展，必然使得农民合作经济组织与村党委、村民委员会和其他组织在资源占有与资源交换上互动。乡村社会治理各主体间在乡村治理过程中会产生一系列竞争与合作博弈关系，为农民合作经济组织参与乡村治理提供参与可行性，有利于进一步完善党委领导、政府负责、社会协同、公众参与、法治保障的现代乡村社会治理体制。

相较于其他社会组织，农民合作经济组织具备参与乡村社会治理的能力。

第一，农民合作经济组织创办之初是一个经济类组织，是小农户依照加入个人自愿、退出自由、民主管理、盈余返还的原则依法联合应对市场经济风险的重要载体，相较于其他社会组织更具吸引力，组织发展与农户最关心的经济利益相挂钩，直观反映农户需求。

第二，农民合作经济组织发展过程中，组织规模逐步扩大，由某一村落农民合作经济组织发展为几个村落甚至跨县跨省的农民合作经济组织联合，吸纳更多农户加入，影响范围更广泛，其组织在发展过程中与农户和其他组织构建良好社会关系网络，培育和建立更广泛社会信任，萌生正式制度与非正式制度的互惠规范，积累大量社会资本，为其参与乡村治理提供可行性。

第三，相较于其他社会组织而言，其发展定位要求与村民自治组织要求一致，即自我组织、自我服务、自我管理和自我教育。农民合作经济组织在为农户谋求经济利益的同时，可提高为农户提供生产生活服务的能力，强化成员农户的民主管理、协调农户间矛盾和处理农村公共事务与参与乡村社会治理的能力。农民合作经济组织的存在使邻里关系、家庭关系、村容村貌发生明显变化，与科技单位保持基本良好关系。

四、农民合作经济组织参与乡村治理的模式

（一）分散型参与模式

分散型参与模式是指在农民合作经济组织参与到乡村治理中的参与意识、参与态度与参与行为力度较小，同时三者所形成的功能对于乡村治理带来的实际性作用相对较小。从分散型参与模式中的参与意识来看，往往是农民专业合作社社员从思想上对于公共基础设施建设不够重视，不能将自己的技能特长应用到乡村公共事务上来。

社员从参与态度来看，农民专业合作社社员对于乡村公共事务普遍是不闻不问，自主承担相应责任的现象很少；从参与效能方面来看，农民专业合作社在乡村事务处理方面起到的作用较小，在乡村治理方面所做的工作不够充分，其中包括合作社参与到村组政策决策、协调农民与政府之间关系方面所做的工作还比较少。

（二）统一参与模式

统一参与模式是指农民经济合作经济组织在乡村治理方面的参与意识、参与态度及实际行为方面的向心力保持与乡村治理参与程度一致。农民经济合作社从思想上来维护乡村公共基础设施建设，在乡村政策决议方面，合作社也是竭尽全力协作。从合作社的参与态度方面来讲，农民合作社将全身心投入到乡村公共事务工作中，并在此承担起相应的责任，所起到的作用使农民合作社为乡村事业发展所做的工作受到了人们的广泛认可。从参与行为上来看，农民合作社为乡村基础设施建设提供了较多的资金扶持，在业务参与方面主要是以农民技术培训、提

供就业岗位为主。

合作社参与到乡村治理方面的程度比较高，合作社完全参与到了乡村的决策制定、乡村基础设施建设，同时为农民与政府之间建立起一条稳定的沟通渠道。

（三）分离型参与模式

农民合作经济组织的参与意识上只是对乡村基础设施建设进行关注，同时也会为乡村公共发展提出一些建议。从参与态度方面来讲，农民合作经济组织主要是从情感上对乡村的服务比较积极，也愿意承担起相应的职责。从参与行为来看，农民合作经济组织给予乡村基础设施建设提供的资金还比较少，给当地村民提供的技能培训与就业岗位较少。农民合作经济组织参与乡村治理程度比较低，对于村委会的决策、公共产业建设及政府部门信息交流水平较低。

第三节　农民合作经济组织参与乡村治理的问题及成因

农民合作经济组织在参与乡村治理过程中存在诸多问题，这些问题不仅影响了合作社的健康发展，也制约了乡村治理体系的完善。

一、农民合作经济组织参与乡村治理的问题

（一）成员参与意识不强

在乡村治理的复杂体系中，农民合作社作为连接政府与农民的重要桥梁，其成员们的参与意识不强成为一个亟待解决的问题。这种参与意识的淡薄，不仅体现在对村委会日常工作的疏离感上，更深刻地反映在他们对待选举活动的冷漠态度中。每当选举季来临，合作社的成员们往往显得无动于衷，对选举单上的候选人缺乏深入的了解和独立判断，导致他们在投票时往往随波逐流，盲目跟从他人的选择，而非基于自己的真实意愿和利益考量。

这种从众心理和缺乏独立思考的现象，不仅削弱了农民合作社作为集体行动主体的凝聚力和影响力，也严重制约了其在乡村治理中积极作用的发挥。合作社成员的低参与度，使许多关乎乡村发展、农民权益的重要议题难以得到充分的讨论和有效地解决，进而影响了乡村社会的整体进步和民主化进程的顺利推进。

更深层次的，农民合作社成员参与意识的薄弱，还反映出乡村社会公民意识的不足和民主文化的缺失。改善这一现状，需要从提升农民的教育水平、增强他们的权利意识以及构建更加开放、包容的乡村治理环境等多方面入手，以激发农民合作社成员的积极性和创造力，共同推动乡村社会的和谐发展与民主进步。

（二）组织制度不明确

尽管一些农民合作经济组织已经正式注册成立，但在其运营管理方面却存在着诸多不规范的现象。具体来说，部分合作社实际上已经沦为所谓的"空壳组织"，他们并没有开展任何实质性的运营活动，形同虚设。此外，还有一些合作社缺乏完善的规章制度，这导致了内部管理的混乱无序，使得合作社的运营效率和效果大打折扣。再者，部分合作社的经营范围过于狭小，无法有效地辐射和带动周边农户的发展，限制了其在乡村经济发展中的积极作用。

这些问题的存在严重制约了合作社在乡村治理中的作用发挥，使得合作社无法有效地参与到乡村经济建设和社会发展中去。同时，这些问题也影响了合作社服务水平的提升，使其无法满足农户的实际需求，进而影响了合作社在农民心中的形象和地位。

（三）权利意识淡薄

在当前的乡村社会中，许多农民对于合作经济组织与乡村治理的发展理念缺乏足够的认识和理解，尤其是对于合作意识的重要性认识不足。他们往往没有充分意识到自己在乡村治理中所拥有的权利以及应当承担的义务，这种认识上的缺失导致他们在乡村治理中的参与度不够高。农民们对自身权利的淡薄意识不仅影响了他们在乡村治理中的积极作用，也制约了乡村社会的整体发展和进步。合作经济组织作为乡村治理的重要力量，其作用的发挥需要农民的积极参与和支持。

然而，由于农民缺乏合作意识，他们在合作经济组织中的参与度较低，这不仅影响了合作经济组织的运行效率，也削弱了其在乡村治理中的影响力。

(四) 信任缺失问题

由于村委会和当地政府部门对合作社参与乡村治理模式的误解和不重视，导致农民合作社在农村经济建设和乡村治理体系中的作用被忽视。这种信任缺失不仅影响了合作社的积极性和主动性，也制约了乡村治理体系的完善和发展。具体来说，村委会和政府部门往往对合作社的运作机制和潜在价值缺乏深入了解，认为合作社只是简单的经济组织，而没有认识到其在推动农村经济发展、促进农民增收、改善农村基础设施等方面的多重功能。因此，他们在政策支持、资源分配和项目合作等方面往往忽视了合作社的存在和需求，导致合作社在乡村治理中的潜力无法得到充分发挥。这种误解和不重视不仅削弱了合作社成员的信心和动力，还使得合作社在乡村治理中的独特优势无法得到充分发挥。

二、农民合作经济组织参与乡村治理问题的成因

(一) 支持性制度建设的滞后，缺乏足够的权威性和约束力

在我国，现有的法律法规主要集中在社会组织的整体层面，而对农村社会组织的特殊性和具体需求关注不足。这种法律制度的滞后性不仅使得农村社会组织在参与乡村治理的过程中，缺乏足够的权威性和约束力，同时也缺乏必要的制度性保障。这不仅影响了农村社会组织在乡村治理中的有效参与，也限制了其在促进农村发展、改善农民生活等方面的积极作用。因此，为了推动农村社会组织的健康发展，充分发挥其在乡村治理中的功能，迫切需要制定和完善相关法律法规，以适应农村社会组织的特殊需求，为其提供更加有力的法律支持和保障。

(二) 行政单位与农村社会组织的边界模糊，限制社会组织的发展

政府与农村社会组织之间的界限不清晰，这一点在很大程度上限制了社会组织的发展。由于政府在培育这些社会组织的过程中扮演了主导角色，这些组织往

往对政府提供的资源产生了强烈的依赖性。这种依赖性导致了社会组织呈现出一种"依附式"的发展模式，即他们在很大程度上依赖于政府的支持和资源输入。这种依赖性不仅削弱了社会组织的自主性和独立性，还限制了他们在乡村治理中所能发挥的作用。

此外，在一些地区，政府的行政主导性过于强大，导致政府过度干预社会组织的日常运营和管理。这种过度干预不仅限制了社会组织参与乡村治理的空间，还削弱了他们在乡村治理中的功能和作用。政府的过度干预使得社会组织难以独立自主地开展工作，从而无法充分发挥其在乡村治理中的潜力和优势。

（三）农村社会组织自身建设程度不高，制约乡村治理中的积极参与

由于农村社会组织自身体制机制的不完善、专业化程度的不足以及组织规模的限制等多种因素的影响，农村社会组织在数量和质量上都存在较大的提升空间。许多农村社会组织缺乏具备专业技能和丰富管理经验的人才，这直接导致了他们在运营过程中的效率低下和服务质量的不尽如人意。同时，这些组织在很大程度上过于依赖政府的资源投入，获取资源的渠道相对单一，缺乏多元化的内驱力，因此难以充分满足农民的实际需求。

除此之外，人才短缺也是农村社会组织面临的一个重大问题。由于缺乏足够的人才支持，这些组织在功能发挥和长远发展方面受到了极大的限制。人才的匮乏不仅影响了组织的日常运作，还制约了其在乡村治理中发挥更大的作用。

第四节　农民专业合作经济组织参与乡村治理的有效路径

农民专业合作经济组织泛指我国农村市场化改革以来，在农村家庭承包经营基础上，同类农产品的生产经营者或者同类农业生产经营服务的提供者、利用者，以自愿联合、民主管理的方式组织起来的互助性经济组织。农民专业合作经济组织，是基于家庭承包经营体制，保持土地政策不变。合作组织以农民为核

心，鼓励土地使用权流转，提高土地使用效率，促进农村经济发展。创办主体多元化，包括能人、企业和政府；形式多样，涵盖劳动组织、信息、技术和资金整合型。合作内容从生产合作到多层次合作，呈现多样化特点。农民专业合作经济组织依托地方产业特色，抢占市场先机。同时，随着农村经济发展，合作经济组织可以突破地域限制，实现跨地区资源整合和发展。

一、农民专业合作经济组织参与乡村治理的实践案例

第一，湖北仙桃先锋村养鳝专业合作社。湖北仙桃先锋村养鳝专业合作社是全国闻名的农民专业合作社，其发展历程和治理模式为农民专业合作经济组织参与乡村治理提供宝贵的经验。合作社由村党支部组织兴建，逐渐形成了跨区域的专业合作经济组织。该合作社通过统一农资供应、技术指导、销售等方式，提高农户的经济效益，增强组织凝聚力。合作社还建立健全了成员大会制度、理事会制度、监事会制度等管理机制，确保了合作社的民主管理和规范运作。先锋村通过合作社的发展，不仅实现了经济上的飞跃，还带动乡村社会、政治、文化的全面进步，被誉为"中国养鳝第一村"。

第二，河南信阳市浉河区农民专业合作总社。河南信阳市浉河区农民专业合作总社由浉河区农业农村局牵头创办，整合了多家农民专业合作社，成为全国首家农民专业合作总社。总社下设土地经营、茶产业、种养加林果、食用菌花木四个联合社，为分社和社员提供经营指导、市场策划、协调运作等服务，帮助合作社办理农产品认证、代理商标注册等事务。总社通过建立大型综合性经营网站，链接总社、联合社、基层社三级网络，推动农副产品的电子商务交易，并广泛开展农村实用技术培训，协调解决合作社融资、税收优惠政策落实等问题。总社的发展不仅促进了当地农业经济的增长，还带动了农户收入的显著增加，成为农民专业合作经济组织参与乡村治理的成功典范。

第三，甘肃白银市平川区供销联社的实践。平川区供销联社通过领办创办农民专业合作社，广泛搭建农业社会化服务平台，推动农业社会化服务和乡村振兴战略的实施。2024年，区供销联社新增领办创办农民专业合作社，涉及种植、养殖等多个领域。这些合作社通过托管土地、提供农业社会化服务和销售农产

品，有效提升服务"三农"的能力水平，并构建了集经营性、公益性、政策性于一体的综合性为农服务平台。

第四，云南省文山壮族自治州砚山县农业农村和科学技术局的实施方案。砚山县制定了《砚山县 2024 年中央农业经营主体能力提升资金农民专业合作社项目实施方案》，旨在提高中央财政资金的使用效益，提升农民专业合作社的技术应用和生产经营能力。方案包括培育规范发展的农民合作社、创建新型农业经营主体综合服务中心、开展新型经营主体人才培训等任务目标。通过这些措施，砚山县计划支持农业农村部门参与评定的县级以上农民合作示范社，以壮大新型经营主体力量，提升农民合作社发展能力，加快实现乡村振兴发展和农业农村现代化建设。

第五，广东省的"社村"合作试点方案。广东省人民政府发布了《关于推进"社村"合作助力新型农村集体经济试点方案》，通过供销合作社和农村集体经济组织的深度融合，探索新路径，助力乡村振兴和城乡区域协调发展。该方案提出以供销合作社组织体系和服务网络为依托，推动"社村"优势互补、融合发展，增加村集体和农民收入，激发农村资源要素活力。

二、农民专业合作经济组织参与乡村治理的有效措施

（一）加强农民专业合作经济组织的自身建设

组织需要建立并不断完善其内部管理制度，包括制定明确的合作社章程，确保每位社员的权利和义务得到清晰界定。同时，建立健全的社员大会、理事会、监事会制度，是保障合作社决策民主化、管理规范化的关键。这些制度的实施，不仅能增强社员的参与感和归属感，还能提升合作社的整体运营效率。

在增强组织凝聚力方面，合作社应定期组织社员大会，通过面对面的交流，加深社员之间的了解与信任。合作社还须妥善管理社员的入股资金，确保每一笔资金的使用都公开透明，利润分配公平合理。此外，合作社应鼓励社员积极参与合作社的日常管理和重大决策，通过民主投票等方式，确保每位社员的意见都能被充分听取和考虑。

合作社应制定长远的发展规划，明确自身的市场定位和发展方向。同时，积极引进农业技术和管理人才，提升合作社的生产效率和管理水平。通过加强与其

他合作社、农业企业和科研机构的合作，实现资源共享、优势互补，共同抵御市场风险，提升整体竞争力。

（二）争取政府支持与政策引导

农民专业合作经济组织在参与乡村治理过程中，离不开政府的支持与政策引导。政府应加强合作经济组织的宣传教育工作，通过多种渠道普及合作经济的理念和优势，提高农民对合作经济组织的认识和接受度。同时，政府应加大对合作经济组织的培训力度，与教育机构、农业科技部门合作，为合作社提供全方位、多层次的技术培训和管理指导，提升合作社的整体素质。

在财政、信贷、税收等方面，政府应给予合作社必要的支持和优惠。例如，政府可以将支农资金向合作社倾斜，重点扶持那些劳动能力强、发展潜力大的合作社。金融机构应放宽对合作社的贷款条件，简化审批手续，为合作社提供低息或无息贷款。此外，政府还应对合作社给予税收减免政策，减轻其经营负担，鼓励其扩大生产规模和提高经济效益。

（三）理顺乡村政治关系，推进乡镇机构改革

理顺乡村政治关系、推进乡镇机构改革是农民专业合作经济组织参与乡村治理的重要保障。明确乡镇政府和村委会的职责边界，确保乡镇政府主要承担宏观指导和政策支持的职责，而村委会则负责具体事务的管理和执行。通过合理划分职责，避免职能重叠和相互推诿的现象发生。

在推进乡镇机构改革方面，应精简机构和人员配置，提高政府工作效率。通过撤销不必要的机构和清理超编人员，减轻财政负担并提升服务质量。同时，应合理划分财权和事权，确保乡镇政府和村委会有足够的资源履行职责。此外，还应加强乡镇政府的服务意识和服务能力培训，提高其为合作社和农民提供优质服务的能力和水平。

（四）活化参与方式，拓宽参与渠道

活化参与方式、拓宽参与渠道是提升农民专业合作经济组织在乡村治理中作用的有效途径。完善现有的政治参与渠道，如村民选举、村民代表大会等制度。

通过确保选举的公平性和透明度以及代表的广泛性和代表性来增强农民的政治参与感和信任度。

充分利用现代信息技术手段拓宽参与渠道，例如建立合作社官方网站、微信公众号等平台发布合作社动态和政策信息；通过在线投票、网络讨论等方式收集社员的意见和建议；利用大数据分析技术为合作社提供精准的市场分析和决策支持等。这些措施不仅提高了社员的参与度和满意度，还增强了合作社的市场竞争力和社会影响力。

（五）建立有效的利益表达和协调机制

完善现有的利益表达机制，如信访制度、协商谈判制度等，确保农民的合理诉求能够得到及时响应和妥善处理。同时，应鼓励农民通过合作社等组织化形式表达自己的利益诉求，以增强其博弈能力和话语权。

在协调各方利益方面，合作社应发挥桥梁和纽带作用，积极协调政府、村组织、企业等各方利益主体之间的关系。通过召开座谈会、协商会等形式加强沟通与协商，寻求共识和平衡点，以实现多方共赢的局面。此外，合作社还应积极参与乡村公共事务管理和服务活动，为乡村治理贡献自己的力量，并提升自身的社会认同感和影响力。

（六）推动多元互动的乡村治理模式

推动多元互动的乡村治理模式是实现乡村善治和振兴的重要途径之一。首先，应发挥基层党组织的引领作用，通过加强组织建设、思想引领等方式将农民紧密团结在党的周围，共同推动乡村发展进步。同时，应鼓励和支持非政府组织、乡村精英等社会力量参与乡村治理，形成多元共治的良好局面。

在推动多元互动的过程中，应注重发挥农民专业合作经济组织的独特优势和作用。合作社作为农民自发组织的经济实体，具有深厚的群众基础和广泛的代表性。通过加强合作社与其他治理主体的合作与交流，可以实现资源共享、优势互补，共同推动乡村经济、社会、文化等各方面的全面发展进步。最终形成一个政府引导、市场主导、社会参与、农民受益的多元互动的乡村治理模式，为乡村振兴注入强大动力和活力。

第四章　农村基层党组织建设引领乡村治理的探究

第一节　农村基层党组织在乡村治理中的引领作用

农村基层党组织，是指在农村社会中成立的党的基层组织。农村基层党组织是党为适应农村经济、政治、文化和社会等农村各项事业建设与发展，依据有关国家法律规定，在农村地区设立的涵盖乡、村两级组织在内的党的全部工作组织。"农村基层党组织是乡村振兴的重要力量，只有充分发挥农村基层党组织在乡村治理中的关键作用，才能为农业经济的健康、绿色、可持续发展提供政治保障。"① 农村基层党组织为了宣传党的主张，贯彻党的决定，运用自身组织资源和组织优势，凝聚思想共识，领导乡村治理，团结动员群众，推动农村经济改革发展的综合能力。

引领，主要是指农村基层党组织在乡村治理过程中发挥的总揽全局、协调各方的领导核心作用。主要体现在政治引领、组织引领、价值引领和服务引领②。农村基层党组织要整合多元治理主体之间的合作协商，强化基层党组织建设，进而提升乡村治理引领力；价值引领，即农村基层党组织必须坚定信仰中国特色社会主义思想，积极贯彻落实宣传党的方针政策。农村基层党组织在乡村治理现代化中的引领作用并不是孤立存在的，而是一个相互关联、有机统一的整体。在政治引领、服务群众、组织协调、推动发展等多个方面，农村基层党组织都发挥着

---

① 徐运红，曹宇杰. 农村基层党组织在乡村振兴中的关键作用：基于涉县野生连翘采摘问题的考察[J]. 山西农经，2024（15）：121.

② 政治引领，确保党的路线方针政策得到全面贯彻落实；组织引领，通过健全组织体系和选拔优秀党员干部，提高党组织的凝聚力和战斗力；价值引领，倡导社会主义核心价值观，提升农村文化软实力和道德水平；服务引领，坚持以人民为中心，通过改善基础设施、发展经济等措施提高群众生活质量，关注群众需求，特别是弱势群体的利益，确保共享治理成果。

至关重要的作用，其引领作用主要体现在以下五个方面。

一、政治引领作用

农村基层党组织的政治领导作用，作为组织存在的核心与本质，为乡村治理的现代化进程奠定了坚实的政治基石，提供坚实的政治引领。这一作用不仅体现在对乡村治理方向的把握上，更贯穿乡村治理的每一个环节，为乡村的繁荣与发展提供强大的动力。

一方面，农村的基层党组织充分发挥了宣传引导的作用。他们通过多样化的宣传形式，如召开村民大会、发放宣传资料、利用广播和互联网等新媒体手段，及时地将党的最新路线、方针和政策传达给村民群众。这种宣传不仅确保了村民群众能够及时了解党的政策动态，更增强了村民群众对党的认同感和归属感，为各项政策的落地落实奠定了坚实的群众基础。通过强有力的政治引领，农村基层党组织确保了乡村治理的各项工作在政治方向、政治立场和道路选择上始终同党中央保持高度一致，为乡村治理的现代化进程提供坚实的政治保障。

另一方面，农村基层党组织还注重听取和接纳村民群众的意见建议。他们通过设立意见箱、开展村民座谈会等方式，积极收集村民群众的意见和建议，不断完善工作措施，提高工作水平。同时，农村基层党组织还注重激发群众的积极性和创造性，引导他们投身乡村治理的伟大实践。通过组织村民参与乡村规划、环境整治、产业发展等各项工作，农村基层党组织不仅增强了村民群众的责任感和使命感，还促进了乡村治理的民主化和科学化。

在多元共治的现代乡村治理结构中，农村的基层党组织更是扮演着核心领导和坚实的支持角色。他们与各类社会组织、经济组织和村民自治组织等形成相互配合补充的工作机制，共同推动乡村治理的现代化进程。通过加强与其他治理主体的沟通协调和合作共治，农村基层党组织不仅提高了乡村治理的效率和效果，还促进了乡村社会的和谐稳定与繁荣发展。

二、服务群众作用

服务的广义范畴广泛而深远，它不仅涵盖满足组织、法人或个体在物质层面上的基本需求，如衣食住行等生活必需品的供给，还深入触及了精神层面的满足，如教育、文化、娱乐等多元化需求的实现。这些服务的共同目标是助力个体与集体达成特定的目标和要求，促进社会整体的和谐与进步。

在狭义层面上，服务则聚焦于履行特定职责和承担具体工作的范畴。例如，在农村基层党组织的实践中，服务被赋予了更为具体而深刻的内涵。作为党与基层群众之间不可或缺的纽带，农村基层党组织肩负着重要使命，需突出问题导向，紧密围绕当地的实际情况，深入基层，贴近群众，认真分析和研究他们的实际需求和面临的困难。

为了实现这一目标，农村基层党组织需采取一系列切实有效的措施。首先，通过深入的调查研究和细致的摸底排查工作，精准定位存在的问题和矛盾，确保工作有的放矢。其次，积极收集和反映群众的诉求，通过召开党群议事会等民主决策机制，广泛听取群众意见，集思广益，寻求最佳解决方案。同时，鼓励村党员深入群众家中，开展入户走访活动，面对面了解村民在生产生活中遇到的具体困难，及时提供必要的帮助和支持。

针对基层党组织无法独立解决的问题和困难，农村基层党组织应主动向上级部门反映情况，争取更多的政策支持和资源倾斜。此外，为了丰富群众的文化生活，提升他们的精神面貌，农村基层党组织还可以积极组织开展丰富多彩的娱乐活动。如举办农村晚会、推广广场舞、放映公益电影等，这些活动不仅能够增进邻里之间的情感交流，还能激发群众的参与热情和创造力，为农村生活增添一抹亮丽的色彩。

此外，为了进一步提升农村公共服务水平，农村基层党组织还需多方筹措资金，加大投入力度，完善公共服务设施建设。如修建道路、改善饮水条件、建设文化广场等，这些基础设施的完善将为群众带来更加便捷的生活体验，提高他们的幸福感和满意度。

三、组织协调作用

农村基层党组织，作为农村治理体系中不可或缺的坚实基石，其独特的优势在于其卓越的学习力、无坚不摧的战斗力、高效精准的执行力以及深入人心的凝聚力。这些特质共同构成了农村基层党组织在组织协调方面其他主体难以企及的能力。具体而言，这种能力在以下两个方面得到充分地体现。

一方面，农村基层党组织在引领和组织各类社会组织方面发挥着至关重要的作用。无论是致力经济发展的经济组织，还是维护社会稳定与和谐的群众自治组织，抑或提供各类服务的社会组织与服务组织，都必须在党组织的坚强领导下，严格遵守国家法律法规以及各自组织章程的规定，确保各项工作的有序开展。而农村基层党组织则通过其独特的引导、教育和动员方式，巧妙地将这些看似独立分散的组织资源进行有效整合，形成了一股推动农村全面发展的强大合力。这种力量的汇聚，不仅提高了农村治理的效率，也增强了农民群众对于农村发展的信心和期待。

另一方面，面对农村社会中存在的各类社会组织在人员构成、组织宗旨等方面的差异性以及由此产生的分歧与冲突，农村基层党组织更是展现出了其作为农民利益忠实代表的坚定立场。它始终将维护最广大人民的根本利益作为自己的神圣使命，没有自身的私利诉求。在处理农村事务时，农村基层党组织能够保持高度的公平公正原则，确保各项决策与措施都能真正惠及广大农民群众。这种以人民为中心的发展思想不仅赢得了农民群众的广泛认同和支持，也为农村社会的和谐稳定奠定了坚实的基础。

四、推动发挥作用

现在我国的农村发展已经步入了一个全新的历史阶段——全面推进乡村振兴。这一战略部署的提出，不仅标志着我国农村发展的新起点，也赋予了农村基层党组织更加艰巨而光荣的使命。

在这一背景下，农村基层党组织作为乡村振兴的坚强战斗堡垒，通过不断拓展和深化服务领域，积极推动村级经济的蓬勃发展以及农业产业的转型升级。他们致力于提升农业生产的科技含量和附加值，促进农业产业链的延伸和拓展，为乡村治理提供坚实的物质保障。同时，农村基层党组织还充分发挥党员的先锋模范作用，带领广大农民群众投身到乡村振兴的伟大实践中，共同推动农村经济社会的全面进步。

在推动村级经济发展和农业产业转型升级的过程中，农村基层党组织还积极践行新发展理念，科学处理农村发展中的多重关系。他们注重保护生态环境，推动绿色发展；注重创新驱动，激发乡村发展活力；注重协调发展，促进城乡融合发展。这些努力不仅提升了乡村的经济效益，也实现了社会效益的显著提升，让农民群众在乡村振兴中获得了更多的实惠和幸福感。

为了进一步推动乡村经济社会持续健康发展，农村基层党组织还积极承担起探索符合当地实际的发展战略的重任。他们紧密结合当地资源禀赋、产业基础等实际情况，深入调研、科学论证，制定一系列具有针对性和可操作性的发展措施。这些措施旨在合理调整农民与土地的相互关系，推动适度规模经营和农业产业化发展；同时，注重培育新型农业经营主体和新型职业农民，提升农业生产的组织化程度和专业化水平。这些努力不仅促进农业增效、农民增收和农村繁荣，也为实现乡村全面振兴和治理现代化奠定了坚实基础。

五、思想文化建设方面

农村基层党组织在思想建设上担负着重要使命，既要做到"上情下达"，又要及时准确地将党中央及上级党组织的政治思想、总体方略传达给群众，让群众的思想能够始终与党中央在一起；又要做到"下情上报"，即下沉基层，深入一线，全面完整地将人民群众最实际的心声、最真切的意愿、最关心的问题反映上去。就面向对象而言，一般农村基层党组织在思想建设主要有两个方面：一是党组织内部提升思想理论修养。主要是固定开展"三会一课"①，有组织地举办"不忘初心、牢记使命""党史学习教育"等一系列主题教育活动。二是让村民能够接受思想理论教育。采取通俗易懂、活泼生动的宣传方式进行理论宣讲，让他们真正理解方针政策中的各项内容；举办各类文化活动，如"村坝电影会""乡村每日广播"以及各类先进典型的评比，为乡村营造一个浓厚的学习氛围，让村民的思想方式和生活方式能够得到有效转变，推动乡村地区移风易俗、改变不良风气，从而打造出心齐风正、邻里和睦的文明乡村。

---

①"三会"是指定期召开支部党员大会、支部委员会、党小组会，"一课"是按时上好党课。

农村基层党组织也紧紧依靠着人民，坚持从人民创造历史的实践活动中汲取思想营养和前进力量，运用理性思维和科学抽象对其进行去粗取精、去伪存真的改造，将这些创造性经验升华为理论，再以此指导群众开展新的实践，努力取得人民群众的认可和支持，只有人民群众满意、高兴、答应，乡村治理才算取得实效。通过"来"与"去"的无限循环，高效有序开展乡村治理工作的同时，基层党组织的治理能力也得到大幅度提升。

综上所述，农村基层党组织只有做好政治领导、组织聚合、服务供给和思想建设等方面的工作，才能让人民群众看到办实事的真心、做好事的用心、解难事的决心，以此以党员的模范性、先进性凝聚动员人民群众参与乡村治理，进而达到乡村经济繁荣、和谐稳定。

第二节 农村基层党组织引领乡村治理的逻辑构建

一、政治领导：农村基层党组织坚持以人民为中心引领乡村治理

党的政治建设是党的根本性建设，决定党的建设方向和效果。作为党在农村工作的执政基础和力量源泉，农村基层党组织必须重视自身政治建设，坚持以人民为中心引领乡村治理。

（一）农村基层党组织引领乡村治理实现党的领导、人民当家作主与依法治国的统一

实现乡村社会的稳定发展，必须坚定不移地坚持党的领导。同样，新时代农村基层党组织对乡村的治理也不再是单纯的控制与被控制、改变与被改变的过程，而是在坚持自身领导作用的同时，在法律保障前提下，保证人民主体性的充分发挥，也就是实现党的领导、人民当家作主与依法治国的有机统一。当然，维持乡村治理的有序性，并实现三者的有机统一，首要的前提就是坚定不移地坚持党的领导。

我国是人民当家作主的社会主义国家，无论何时何地都必须坚持人民的主体地位，始终将人民利益放在第一位。农村基层党组织是引领农村社会发展与治理的核心角色，承担着维护村民利益、提高村民生活水平等主要职责。因此，在乡村治理过程中，农村基层党组织必须时刻牢记人民的意愿与利益，始终坚持人民当家作主的思想。只有如此，才能协调好基层党组织与村民的关系，才能更好地推动乡村发展。

新时代乡村治理在基层党组织的领导下，人民的生活将会越来越好、越来越富。当然，农村基层党组织的领导并非随心所欲，肆意而为之，而是坚持依法治理，在法律法规与党章党规的监督指引下顺势而为。可以说，坚持依法治村是新时代基层党组织引领乡村治理的基本要求。

综合而言，农村基层党组织在乡村治理过程中必须坚持其政治引领地位，始终发挥强有力的领导核心作用。此外，也要综合人民当家作主与依法治国的指导思想。只有将三者合理地结合在一起，才能在新时代的乡村治理中，正确且有效地发挥基层党组织的引领作用。

（二）实现村民自治制度与农村基层政权的有效衔接

村民自治制度是村民实行自我选举，成立自治组织，依法行使自治权，以此实现自我教育、自我服务和自我管理的基本政治制度。也就是说，村民可以直接行使民主权利，依法办理自己的事情，创造自己的幸福生活。

第一，坚定不移地坚持基层党组织对乡村治理的领导。这是由我国国家性质决定的，也是新时代乡村治理取得胜利的根本保障。在乡村治理中，农村基层党组织必须充分认识且真正践行自身的领导核心作用，引领基层农村走向全面振兴和繁荣发展之路。

第二，坚持村民自治。依照基本政治制度内容，乡村治理中要坚持基层自治，牢牢依靠党组织科学有效的引领，使基层自治在党组织的科学引领下正确发挥其效用。

第三，农村基层党组织的引领和村民自治本身并不存在冲突，相反，两者是相辅相成、互相促进的。在农村基层党组织的引领下，村民富起来，有更多的想法与话语，这为村民自治的有效发挥创造了良好条件。反过来，村民自治的作用，也为农村基层党组织在治理乡村过程中，提供更多的参考与建议，为基层党组织贯彻全心全意为人民服务的宗旨提供空间，也为乡村更好的治理与发展提供有效意见。

二、组织引导：领导和协调各类治理主体按职履责

农村基层党支部是确保乡村治理现代化落实的力量源泉，其建设水平和能力，直接决定着乡村治理现代化工作的进展与成效。这就要求加强农村基层党支部建设与发展，坚持以提升组织力为重点，突出政治功能，着力培养一批榜样和"带头人"，充分发挥其组织引领力，为新时代的乡村治理提供组织保障。

（一）整合多元治理主体间的合作协商，凸显基层党组织领导核心

加强乡村治理主体间的合作协商，是一种新的乡村治理模式，有别于以往"自上而下"的垂直治理模式。当然，新时代的乡村治理更是提倡多方协作共治，治理主体也不再局限于基层党组织，更有村民群众、村企业等其他治理主体的参与。

第一，基层政府负责具体的组织管理内容，包括宣传和解读具体的法律政策和法规等。为农村基层党组织引领乡村治理提供细致的方向和内容。

第二，村民自治组织，包括村民委员会、村务监督委员会和农民其他合作组织等。新时代的乡村治理，只有村民亲自参与决策与实施，才能保证治理的民主性和有效性。尊重和保障农民的主体地位，增强村民自我管理、自我教育、自我服务的能力，为农村基层党组织引领乡村治理建言献策，共促乡村现代化发展。

第三，重视农村其他经济组织和乡村精英等治理主体。近些年，乡村发展取得极大成果，无论是经济水平还是生态保护，都获得了极大成功。这也吸引了一些社会组织到乡村进行投资和建设，对于乡村来说这是推动进一步发展的催化剂，因此格外重视。此外一些外出务工人员也选择回乡创业和发展，对于乡村来说，这些人"见多识广"，更加关注他们的意见和思想。

综合来说，新时代的乡村治理就是要建立以基层党组织为领导，政府负责，

村民自治组织为基础，其他经济社会组织为补充的村级组织体系。在农村基层党组织的科学引领下，在多元主体的共同努力下，为新时代乡村治理贡献力量，共同享用乡村治理成果，实现乡村利益的最大化。

（二）强化农村基层党组织建设，提升乡村治理引领力

农村基层党组织是党在农村的执政基础，关于强化农村基层党组织的组织建设，在已有资料和实践案例的基础上，可以从支部建设、思想建设、干部队伍建设等方面展开。立足于新时代，面对新的社会矛盾与时代挑战，农村基层党组织必须立足实际，实事求是，对症下药，做到更加合理有效地推进新时代基层党组织建设。因此，必须通过一定的实地调研，针对新的问题与挑战，从而提出新的、符合发展实际的新时代农村基层党组织建设建议。

三、价值领航：信仰中国特色社会主义思想

（一）坚持共建共治共享的乡村治理格局

共建，即共同参与乡村建设。乡村治理的参与者并不局限于农村基层党组织，还包括村民群众和其他集体经济组织等治理主体。所以，新时代的乡村治理，不能只寄托在基层组织身上，必须充分调动其他参与主体的积极性，共同参与乡村的治理与建设。在多元治理主体的努力下，建言献策、创新治理思路，共同为新时代的乡村建设贡献一份力量。

共治，即共同参与乡村治理。文章主要探讨的是农村基层党组织对乡村治理的引领作用，但不代表忽视其他的治理主体。相反，文章肯定了其他治理主体的作用，并主张要积极推进多元治理主体间的合作协商。毫无疑问，新时代的乡村治理无论少了哪一因素，都是欠缺和不完善的。

共享，即共同享有治理成果。新时代不断强调要加强和创新乡村治理，归根到底就是为了满足人民日益增长的美好生活需要，让村民群众也共同享用治理成果。在农村基层党组织的科学引领下，在多元治理主体的共同参与下，新时代的乡村治理必将取得显著的成就。这是对农村基层党组织治理工作最大的肯定和赞

扬，也是鞭策和鼓励基层党组织愈战愈勇，再接再厉的最佳良药；乡村治理取得胜利成果，影响最大的应该就是村民了。无论是生活环境、农业经济发展、乡村秩序，还是村民生活水平和消费水平，都会有所提高和改善，这对村民来说，就是最大的幸福感；对于村企业等单位来说，乡村治理取得胜利成果，这对其生产和生活环境与秩序会产生极大影响，更会间接扩大企业影响力，带来可观的企业收入等。因此，乡村治理的胜利成果是属于大家的，是大家共同建设和治理的成果，必须由大家共同享用。

综合而言，打造共建共治共享的乡村治理格局，是在坚持社会主义本质和尊重人民群众主体地位的基础上展开的。这也意味着，新时代的乡村治理已经由过去的"家长式"风格转变为"多元主体"的良性互动。

（二）坚持自治法治德治相结合的乡村治理体系

新时代要健全基层党组织引领的自治、法治、德治相结合的乡村治理体系。以自治为基础，发挥村民自治基础作用。村民始终是乡村生活的主体部分，这一点毋庸置疑。作为乡村生活的主体部分，村民在乡村治理中必然发挥最基础的作用，毕竟乡村治理的最终目标就是村民生活得幸福安康。因此在乡村治理中，村民自治发挥着最基础的作用。虽然村民自治仍具有自发性、盲目性等不完善之处，但可以加强对村民自治的建设、管理和监督，保证村民正确行使治理权利，正确发挥治理基础作用。

在乡村治理过程中，一定要树立依法治理、系统治理的理念，确保乡村社会稳定发展。况且要实现乡村治理有效的目标，单靠治理主体的主观意愿是不现实的，必须有相关的政策及法律法规来保障治理的有效性。因此，农村基层党组织在引领乡村治理过程中，必须坚持依法治理，推进法治乡村和平安乡村建设。

在坚持自治与法治的基础上，还要注重德治这一因素，推动中华民族优良传统与法治社会有机结合。在新时代乡村治理过程中，农村基层党组织要特别重视乡村地区的传统文化和民风民俗，以此为基础，通过优秀传统文化潜移默化地影响，来培育村民群众的新时代价值观念和社会主义核心价值观。这也是提升基层党组织引领力的重要内容。

（三）坚持党委领导、政府负责、民主协商、社会协同、公众参与、法治保障、科技支撑的乡村治理体制

第一，党委领导。基层党组织作为党在农村全部工作的基础，必须充分发挥其领导核心作用。这是宝贵的历史经验，更是新时代的发展需要。

第二，政府负责。改变过去政府包揽一切的现象，重新定位政府职责与功能。新时代的政府应更加注重发挥在乡村治理中的职能作用，负责具体的组织管理，如健全村规民约、完善乡村治理改革创新机制等。

第三，民主协商。就是有事好商量，众人的事情由众人商量。在坚持党委领导、政府负责的前提下，尽可能多地团结其他治理主体，集思广益，共同为乡村治理而努力。

第四，社会协同。即充分发挥乡村各类社会组织的作用，鼓励和支持其参与社会治理，加强基层党组织、政府和村民的分工、协作以及不同社会组织的相互配合。

第五，公众参与。就是引领和推动每一位村民充分参与乡村治理，有效实现人民当家做主，保障人民依法实行自我管理、自我服务、自我教育、自我监督，确保乡村治理过程中人民共同参与建设，共同治理，并且治理成果由人民共享。

第六，法治保障。就是要坚持依法治理，在宪法和相关法律法规的约束下，正确地进行乡村治理工作。充分发挥法治对乡村治理的引领、规范和保障作用。

最后，科技支撑。就是要紧跟时代潮流，掌握最新的科学技术，利用信息化手段，加强沟通与交流，不断提高乡村治理水平。

（四）服务引领：听民声、解民意、合民心的乡村服务引领力

服务引领力关涉农村基层党组织对群众的回应力，即基层党组织是否能够及时有效地回应群众的诉求。农村基层党组织应该是一种贴近群众的、具体又实际的存在，即要让村民能够切切实实感受到党，感受到党组织的力量。

新时代提升农村基层党组织服务引领力，需要从主客观两方面进行：一方面

需要增强基层党组织本身的服务意识。在世俗眼光看来，共产党和政府就是"坐办公室"的领导，一些事情都是由其"手下"进行的。其实并非如此，中国共产党的确是领导阶级，是中国特色社会主义事业的领导核心，但在领导地位的背后，其工作的根本目的和宗旨都是为人民服务，都是人民的公仆。另一方面，农村基层党组织应该建立各种服务机制和平台，为基层党组织服务乡村提供制度保障。如颁布相关服务政策、设置便民窗口、拓宽民意征集渠道等措施。在两方面共同努力之下，农村基层党组织的服务引领力一定会提高，乡村治理水平和效果也一定会焕然一新。

综上所述，农村基层党组织引领乡村治理的逻辑建构就是由政治领导、价值领航、组织引导和服务引领四方面组成。在这四大机制中，政治机制居于首位，占据统领地位，组织机制是载体，价值机制是导向，服务机制是途径。本文是在这四大机制的引领下展开叙述的。

第三节 农村基层党组织建设引领乡村治理的实践困境

在推动乡村治理现代化的进程中，强化党和农村基层党组织的领导力建设，与促进基层村民群众民主自治的同步发展，构成了至关重要的战略部署。当前农村基层党组织的领导力建设尚显薄弱，领导功能的弱化问题仍亟待解决。进一步而言，部分地区在加强党的领导与促进基层村民群众自治之间出现了不容忽视的张力，这既对党的领导力建设构成了挑战，也抑制了村民自治的积极性。

一、农村基层党组织领导功能发挥不充分的剖析

农村基层党组织，作为党在农村地区思想、战略、方针、政策等得以贯彻落实的坚实堡垒与关键环节，其功能的充分发挥对于推进乡村治理现代化具有不可替代的作用。农村基层党组织在引领乡村治理现代化时，存在着功能发挥不充分的问题。这一问题的根源，主要可以归结为党组织自身领导力建设的不足，其背

后则涉及党组织政治功能的弱化以及党组织自身队伍建设的滞后等多重因素。

（一）农村基层党组织政治功能弱化的问题凸显

当地农村基层党组织在一定程度上存在被弱化和边缘化的现象，其政治功能未能得到充分发挥。这具体表现为党组织的覆盖范围不够广泛、党建宣传教育活动力度不足等方面。随着农民经济组织、社会企业组织、乡贤精英组织等在乡村社会中的地位日益提升，话语权不断增强，农村基层党组织在构建过程中却仍停留在"一村一党支部"的传统模式上，忽视了其他组织内部的党支部建设与党的宣传教育，从而导致党组织政治领导功能的削弱，难以形成有效的网格化党组织政治功能体系。村党组织甚至以人手不足、资金匮乏等理由，拒绝在农民合作经济组织中建立党支部，这无疑进一步加剧了党组织政治功能边缘化的趋势。

此外，党组织宣传教育工作的不力也是导致政治功能弱化的重要原因之一。执政党要巩固其执政地位，就必须通过有效的党建宣传教育来赢得民众的认同与支持。农村地区的党建宣传教育工作普遍存在内容滞后、形式主义严重、舆论导向掌控不力等问题。在内容方面，本应紧密结合党的路线方针政策与村民群众的切身利益进行宣传教育，但实际操作中却往往照搬党中央条例，缺乏针对性和吸引力，导致村民们既看不懂也不想看。在形式方面，基层党组织党员干部的党建活动开展频率低、形式主义倾向严重、内容质量不高等问题屡见不鲜，使得党员政治学习难以取得实效。此外，部分农村基层党组织还缺乏应对互联网舆论的能力和经验，无法及时准确地掌握网络舆论导向，导致党建宣传教育工作在互联网领域难以高效开展。

（二）农村基层党组织党员干部队伍建设滞后的问题不容忽视

乡村振兴的核心在于人才振兴，而乡村治理现代化的实现也离不开人的现代化。党组织内部普遍存在老龄化严重、学历水平低、后备力量不足等问题。这些问题的存在不仅削弱了党组织的领导力和战斗力，还严重制约了党组织在乡村治理中的作用的发挥。具体来看主要表现在三个方面：首先，农村基层党组织在吸引和留住高素质人才方面面临较大困难，其吸引力和竞争力相对较弱；其次，现有的党员干部队伍存在知识更新缓慢、创新能力不足等问题，难以适应新时代乡村治理的需求；最后，党组织内部的人才梯队建设不够完善，缺乏必要的激励机制和培养机制导致人才流失严重。

二、乡村文化建设中党组织思想引领作用不足

乡村文化建设是乡村治理的重要内容，是构建村民群众精神家园的文化支撑。党的领导功能的发挥，决定了农村基层党组织在乡风文明目标实现中的思想引领作用。农村地区精神文化建设是乡村治理建设中的薄弱环节，在物质贫穷面前，精神的贫困往往是看不见且易被忽略的。农村基层党组织思想引领功能发挥不足，极大影响了农村地区的精神文化建设。

（一）农村基层党组织引导精神文化建设的缺位

第一，农村基层党组织对继承发展当地优秀传统文化的忽视。充分发挥好农村基层党组织在农村地区的思想引领作用，既要以理论武装头脑，更需要将其与当地优秀乡村文化相结合，才能实现"1+1>2"的思想引领功效。目前，优秀乡村文化的继承发展面临着困境。受工业化、城市化的冲击，乡村文化的话语权逐渐缺失，呈现出碎片化、边缘化的特点。部分农村基层党组织在引领思想教育时，也存在着对优秀乡村传统文化的继承与发展忽视的情况。

农村基层党组织不应将乡村文化一概而论为"落后的"或"野蛮的"，忽视对优秀乡村文化和非物质文化遗产的宣传。还有部分农村基层党组织虽然认同、宣传了优秀乡村文化，但是存在宣传教育形式单一、宣传内容枯燥说教、宣传教育平台建设不完善等问题，并没有达到教化村民群众的作用。文化宣传教育的形式以纸质资料印刷宣传为主。文化宣传资料主要存放在村务办事大厅中，以村民自愿拿取的方式分发。最终发现，村民领取文化宣传手册的意愿不高，文化手册的普及率很低。

第二，农村基层党组织领导文化活动和文化平台的建设也存在不足。农村基层党组织缺乏开展文化下乡的条件、村民群众缺乏观看热情等，也是文化下乡活动减少的重要原因。

第三，农村基层党组织在乡村治理建设中，也存在过于重视物质方面的扶贫，忽视了精神文化方面的扶贫的现象，忽视了对农民群众精神压力的疏导。每个行政村只有在村务办事大厅设有一个"心理咨询"的窗口。并且，大多数村庄的"心理咨询"服务只是一种形式，并没有真正的心理咨询师。这些都导致了村民群众不得不向外界寻求慰藉。这也挤压了农村基层党组织在引导乡村精神文化建设上的地位和空间，进而影响了乡村精神文化和乡村治理的现代化建设。

（二）农村基层党组织引领德治效果不明显

德治，以德治村，既是乡村精神文化建设的目标和追求，又是农村基层党组织引领乡村治理现代化的手段和方式。农村地区精神文明建设中，存在农村基层党组织以德治村、实现德治的治理效果不明显的困境。

农村基层党组织忽视了乡贤精英在乡村治理中引领德治作用的发挥。乡贤精英是成长或扎根于当地乡土，具有较高文化素养和道德标准，在村民群众中具有一定话语权和威望的人。发挥乡贤精英在乡村德治中的助力作用，能够使农村基层党组织引领乡村德治发挥事半功倍的作用。部分农村基层党组织没有将乡贤精英纳入助力德治的引导者范围，浪费了乡贤精英的治理能力和治理资源。

乡贤精英作为生于斯长于斯的本土精英人才，是乡村邻里熟悉的榜样人物，在引领乡村德治中的榜样力量不可小觑。但是部分农村基层党组织忽视了对乡贤精英榜样力量的继承与发展，导致古乡贤精神文化示范作用中断。在对古乡贤精英的物质和精神遗产继承发展上，部分农村党组织并没有重视起来，导致很多物质和精神遗产流失。另外，还有部分农村基层党组织过于重视对乡贤精英文化遗产的经济开发，甚至为了实现经济利益最大化而肆意破坏和篡改古乡贤精英的文化遗产。这种行为不仅没有继承和发挥好乡贤精英的榜样示范作用，反而在过度商业化过程中弱化和抹黑了乡贤精英的榜样精神力量。

此外，农村基层党组织没有适当给予乡贤精英话语权和治理权。在国家权力下沉乡村治理的背景下，乡贤精英的权力发挥空间被挤压，乡贤精英的话语权和治理权逐渐弱化和边缘化。由此，发挥乡贤精英的德治引领作用，应该适当给予他们更多的话语权和治理权。

三、乡村协同治理中党组织与其他治理主体互动不够

多主体协同治理是实现村民群众共同富裕的加速器，更是实现乡村治理现代化的重要举措。然而，当前乡村治理中面临着治理主体缺位困境，并且主体参与治理的行动缺乏协同等问题，阻碍了实现乡村治理现代化目标。

（一）治理主体缺位问题

乡村治理主体多元化是实现以农村基层党组织为组织核心，党政机关、村民群众、市场和社会组织嵌入互动的多元治理模式。很多乡村治理中存在主体虚化、主体缺位的问题。探究其背后原因，主要在于农村基层党组织在乡村治理中的核心领导功能发挥不足，以及其他治理组织的力量弱化、虚化、边缘化。

1. 农村基层党组织在"一核多元"治理体系中存在核心领导功能发挥不足的问题

领导作用发挥不足会导致治理体系的混乱。在乡村治理中，农村基层党组织相当于村庄资源、权力分配和平衡的"裁判"，也是对其他治理主体在乡村治理中行为的约束和规范者。农村基层党组织领导核心作用发挥不足，容易出现主体间争夺村庄资源和权力的现象，也容易出现其他治理主体追求自身利益和集团利益，从而导致乡村治理的无序和混乱。部分村党组织没有发挥好规范、制约、平衡其他治理组织间的作用，导致村庄共同利益受损。例如，某村党组织招商引资引入了一批家具加工厂，为了追求经济利益的最大化，家具加工厂肆意砍伐乡村树木资源，而村党组织却视而不见。这种"不作为"的行为，不仅破坏了村庄的生态环境，也损害了农村基层党组织的威信。另外，如果农村党组织在乡村治理中出现越位、滥权的行为，则会挤压其他治理主体的利益空间，挫伤其他治理主体参与乡村治理的积极性。

部分农村基层党组织忽视了乡村治理的公共性，对乡村治理实行"一揽子"工程，其他治理组织难以分配到乡村治理权力和资源，自然不愿意投入精力参与乡村治理，导致乡村治理中出现村党组织"一家独大"的情况。此外，部分农村基层党组织没有积极引导多元治理主体嵌入治理体系，也会导致乡村治理中多元

治理主体模式的不完整。治理主体的缺位，影响了乡村治理的开放性和公共性，也不利于乡村治理现代化目标的实现。

2. 乡村治理中其他治理主体的流失和不稳定也导致了治理多元化状态的难以维系

（1）村民群众治理主体的缺位。受工业化、城市化的冲击以及互联网的普及和信息传递的迅速，农民群众对城市的富足和繁华心生向往。有能力和行动力的农民离开农村在城市立足扎根，导致农村地区的人力资源流失严重。而回到农村的农民则因贫富差距和"扶贫"需求的失落感逐渐消磨了参与乡村治理的意愿和热情。作为村民治理主体中的代表者和引导者——乡贤精英也日益流失，使得村民群众主体地位存在虚化和边缘化。本该既是治理者又是被治理者的农民群众，成为被治理的旁观者，导致村民群众自治异化为村干部自治。

（2）市场组织和社会组织在乡村治理中的地位和作用发挥不稳定。这些组织往往呈现出少、小、散的特点，治理力量分散，难以形成治理规模。同时，乡村治理中市场和社会组织的变更也比较快，难以形成稳定的治理效果。社会组织所承担的治理责任没有落实到位，治理效果发挥不足，影响了治理主体多元协同治理的实现。

（二）主体缺乏协同现象

对于多元主体参与治理，协同共治是实现有效治理的保障。"协同"治理，首先强调治理目标和治理利益的互融共通性，其次强调多元主体治理行动的协调一致性。主体间共同利益和价值追求的不一致、治理行动缺乏协同性和系统化等问题，会影响乡村治理中的协调一致。

1. 治理主体间利益博弈不协调，缺乏共同利益和价值追求，治理行动缺乏协同性

多元主体参与乡村治理的过程，就是主体间利益博弈和协商，最后达成合作协同的治理过程。如果治理主体没有在博弈和协商中达成目标一致，就谈不上合作和协同。在当前的乡村治理中，治理缺乏合作和协同主要就是因为主体间利益博弈、协商不妥导致的。

（1）农村基层党组织在建构和引领共同利益等方面的作用发挥不足，导致主体间合作的困难。对个体而言，实现自我利益和价值是其行为的内在驱动力。在乡村治理领域中，每个治理主体间都有其自我利益和价值的不同。不同主体的利益与价值，有重合的部分，也有相互博弈的部分。农村基层党组织在调和主体间利益博弈中作用发挥不足，就会导致主体协同治理的困难。另外，还应建构和引领长效、高尚的共同利益和价值追求。例如，有些乡村治理主体只关心自己的经济收益，忽视了对农村生态的保护，不利于乡村可持续发展的追求。农村党组织应该发挥好其领导与监督功能，对公共利益和价值的范畴进行界定，建立和构建长效利益发展机制，不让个别组织和集团为了自身利益破坏公共利益。

（2）农村基层党组织没有维护好共同利益中既得者的利益，导致治理主体建构共同利益的积极性缺失。公共利益和共同价值是公共性的服务和物品，乡村治理中的每一个人都可以享受其带来的好处。在这种情况下，必然出现个别治理个体和组织的"搭便车"行为。如果农村基层党组织没有及时发现和规范"搭便车者"，任由乡村治理中的"懒汉"享受治理的收益和便利，就会挫伤其他为乡村公共利益和价值做出贡献和牺牲的治理主体的积极性。最终会影响乡村治理主体间的协同治理。

2. 治理主体间制度保障不完善、分工合作存在偏差等，影响了乡村治理行动的协同

即使有了共同利益和公共价值的聚合，但没有制度上的规范和分工上的协调，乡村多元主体治理之间也容易出现行动的不协同情况。目前乡村治理缺乏协同性，就是因为缺少顶层设计对治理分工和行动框架的规范，以及缺少信息互融互通的依托平台。

（1）治理行动制度的不完善致使合作治理缺乏协同。农村地区的治理普遍具有灵活性、多样性、经验性等特点，党和国家对农村地区的治理也提倡因地制宜。因此，从一定意义上来看，国家层面的制度保障在乡村治理中的运行并没有完全得到贯彻。并且，上级和中央对农村治理建设的支持上多以"给钱给物"为主，缺乏"给政策"上的支持，乡村治理中缺乏制度保障和贯彻。主要表现在，

多主体之间参与乡村治理的"一核多元"的组织框架制度、集体行动制度的不完善。在构建"一核多元"的组织框架制度保障上,存在着农村基层党组织核心领导地位的制度保障不完善,这也容易引发村"两委"争夺权力的矛盾。还有基层村民群众自治权利,经济、文化和生态权利没有得到贯彻和保障,村民在治理组织体系中的主体地位被虚化。还有,缺乏对乡村治理中集体行动制度的建构,导致治理行动和路径的分歧和偏差。乡村治理主体间缺乏长期集体行动规划、缺乏集体行动逻辑和对治理行动的监督与检查等。缺乏集体行动制度的规范,乡村治理主体与治理的分工合作难以有效联动,容易导致治理的分歧和偏差。

(2)治理互通平台的缺失致使合作治理缺乏协同性。治理行动沟通中的时差、信息差和错位等,很容易导致治理行动的误差和治理的无效化。特别是在积极响应和推进乡村和国家治理数字化的战略目标下,部分村庄拒绝搭建数字化治理平台,仍然固守传统治理方式的现象依然存在。传统治理缺乏及时沟通和行动调整的平台支撑,难以在上下级党组织和乡村治理主体组织之间形成网格化治理行动模式,并不利于实现和助推治理现代化的战略目标。

第四节 农村基层党组织建设引领乡村治理的路径优化

一、强化政治领导力,奠定乡村治理的坚实基石

第一,坚定政治信仰,筑牢思想根基。农村基层党组织作为党的基层战斗堡垒,其成员的政治信仰是支撑一切工作的精神支柱。持续加强理论学习,深入学习中国特色社会主义思想,确保每位党员都能深刻领会党的路线方针政策,坚定"四个自信"[①],通过定期举办专题党课、研讨会等形式,使党员干部在思想上同党中央保持高度一致,确保党的声音在乡村落地生根。

---

① 坚定"四个自信"是指坚定中国特色社会主义道路自信、理论自信、制度自信、文化自信。

第二，践行初心使命，服务人民群众。农村基层党组织要始终把人民放在心中最高位置，牢记为人民服务的根本宗旨。在实际工作中，深入基层，了解民情，倾听民意，切实解决群众关心的热点难点问题。通过设立党员示范岗、开展"我为群众办实事"实践活动等方式，让党员在服务群众中发挥先锋模范作用，增强党组织的凝聚力和向心力。

第三，发挥政治作用，引领乡村治理。农村基层党组织要充分发挥政治引领作用，通过宣传党的政策、组织动员群众、协调利益关系等方式，推动乡村治理向更高水平发展。加强对村级各类组织的政治领导，确保其在党的领导下有序开展工作。同时，注重培养村民的民主意识和法治观念，引导村民依法参与乡村治理，共同维护乡村和谐稳定。

二、提升组织引领力，构建高效治理体系

第一，健全基层组织体系，夯实组织基础。农村基层党组织要不断完善组织体系，确保党的组织和工作全面覆盖到乡村各个角落。加强党支部建设，选优配强支部书记和委员，提高支部的战斗力和凝聚力。同时，注重发展青年党员和妇女党员，优化党员队伍结构，为党组织注入新鲜血液。

第二，强化组织生活，提升组织活力。通过创新组织生活形式和内容，如开展红色教育、志愿服务等活动，增强党员的归属感和责任感。同时，加强对流动党员的管理和服务，确保他们离乡不离党、流动不流失。

第三，发展集体经济，壮大乡村实力。农村基层党组织要积极探索发展壮大集体经济的有效途径，通过土地流转、合作社经营等方式，整合乡村资源，发展特色产业。鼓励和支持村民创新创业，培育新型农业经营主体，增加农民收入。同时，注重生态环境保护，推动绿色发展，实现经济效益与生态效益的双赢。

三、增强价值凝聚力，培育文明乡风

第一，注重价值引领，弘扬社会主义核心价值观。农村基层党组织要注重价值引领，通过多种形式宣传社会主义核心价值观，引导村民树立正确的世界观、人生观和价值观。加强农村思想道德建设，提高村民的道德素质和文明程度。通

过举办道德讲堂、评选道德模范等活动，营造崇德向善的良好氛围。

第二，塑造良好乡风，提升乡村文明程度。深入挖掘乡村优秀传统文化资源，传承和弘扬乡村优秀文化。通过举办文化节、民俗活动等形式，展示乡村文化魅力，增强村民的文化自信。同时，加强乡村公共文化建设，完善文化设施，丰富村民的精神文化生活。通过开展群众性文化活动，提升乡村文明程度和社会和谐程度。

第三，强化法治观念，推动乡村依法治理。通过举办法律知识讲座、发放法治宣传资料等形式，普及法律知识，引导村民依法维权、依法办事。加强乡村法治建设，完善乡村治理体系，推动乡村依法治理向纵深发展。

四、提高服务引领力，满足群众多元需求

第一，更新服务理念，强化服务意识。农村基层党组织要牢固树立服务意识，从管理型向服务型转变。通过开展党员志愿服务、设立党员先锋岗等形式，为群众提供贴心服务。注重倾听群众呼声，关注群众需求，切实解决群众反映强烈的突出问题。通过优质高效的服务赢得群众的信任和支持。

第二，拓宽服务领域，提升服务质量。不断拓展服务领域和服务内容，满足群众多元化需求。加强基础设施建设，改善村民生产生活条件。加强医疗卫生、教育文化等公共服务体系建设，提高村民的生活质量和幸福感。同时，注重发挥科技在乡村治理中的作用，推广智慧农业、数字乡村等新技术新模式，提高乡村治理的智能化水平。

第三，创新服务方式，提高服务效能。充分利用互联网、大数据等现代信息技术手段，建立线上线下相结合的服务平台和服务体系。通过开发手机 App、微信公众号等新媒体平台，为村民提供更加便捷高效的服务。同时，注重发挥社会组织、志愿者等社会力量的作用，形成政府主导、社会参与的乡村治理格局。

第五章　农村社会组织建设引领乡村治理的研究

···第一节　农村社会组织参与乡村治理的价值

一、弥补政府不足，深化政治建设

农村社会组织作为一种独立于政府的社会力量，发挥着至关重要的作用，能够有效地弥补政府在乡村治理中的功能不足。例如，慈善组织可以积极开展农村扶贫活动，为贫困家庭提供必要的物资和资金支持，帮助他们改善生活条件。更重要的是，农民合作经济组织在党组织的领导下，通过组织化、规范化的运作方式，积极参与乡村公共决策的制定过程。这种参与不仅显著增强了农民的自主意识，还全面提升了农民在乡村治理中的主体地位。农民合作经济组织通过这种方式，能够更好地代表农民的利益，为决策提供更加全面、科学的依据，从而促进乡村政治建设的深化。这不仅使乡村治理更加民主化、科学化，还进一步增强了农民对乡村治理的参与感和归属感，为乡村的可持续发展奠定坚实的基础。

二、推动乡村经济，增强满足感

农村社会组织在推动乡村经济发展方面发挥着至关重要的作用。他们通过成立农民合作社和农民专业合作社等多种形式，积极整合农业资源和技术，引导农民走向现代农业的发展道路。这些组织不仅在农业生产过程中提供技术支持和市场信息，还帮助农民提高生产效率和产品质量，从而增加农民的收入。

特别是在推进乡村公共产品供给多元化方面，农民合作经济组织在基层党组织的领导下，积极参与到乡村治理中来。他们通过与政府、企业和其他社会组织的合作，共同解决乡村基础设施建设、教育、医疗、文化等公共服务领域的问题。这些合作经济组织不仅有效缓解了乡村公共物品供给不足的问题，提高供给质量，还显著增强了农民的满足感和幸福感。

通过农民合作经济组织的努力，乡村居民能够享受到更加完善和高质量的公共服务，从而提高他们的生活条件。这些组织还通过组织各种文化活动和培训课程，提升农民的文化素养和技能水平，进一步增强农民的归属感和社区凝聚力。

三、提供中介服务，提升参与度

农村社会组织在政府和农民之间扮演着至关重要的桥梁角色。他们通过深入的调研工作和广泛的意见收集，能够准确地将农民的需求和意见反馈给政府，从而为政府的决策提供科学的依据。这些社会组织不仅在信息传递上起到了关键作用，还能够将政府的政策意图和决策过程详细地传达给农民，帮助农民更好地理解政策内容，从而增强他们对政策的理解和支持。

在众多农村社会组织中，农民合作经济组织尤其在这方面发挥着不可替代的重要作用。这些组织通过积极地宣传和教育工作，鼓励农民积极参与乡村治理和建设的全过程。他们不仅提升了农民的参与度，还显著增强了农民在民主选举、协商、决策、管理和监督等方面的主体性作用。通过这种方式，农民合作经济组织使得农民能够更加主动地参与到乡村事务中，真正成为乡村治理的主人翁。

这些组织的存在和发展，不仅有助于政府更好地了解和满足农民的实际需求，还能够促进农民对政府政策的认同和支持，从而形成政府与农民之间的良性互动。通过这种互动，农村社会组织为乡村的和谐发展和社会稳定做出重要贡献。

四、提升服务水平，推动社会建设

农村社会组织在提供教育、医疗、文化传承等社会服务方面发挥重要作用，这些服务有效地填补了政府服务在乡村地区的不足之处。通过这些社会组织的努力，乡村地区的公共服务水平得到显著提升。他们不仅致力完善乡村基础设施，如道路、水利、电力等，还积极发展乡村经济，通过推广现代农业技术、发展特色产业等方式，提高农民的收入水平。此外，这些组织还加强乡村治理，通过建立健全村规民约、推动村民自治等方式，提升乡村治理的效能。

这些社会组织的努力得到农民的广泛认可，农民对这些组织的信任度和满意度显著提高。特别是农民合作经济组织，在推动自治、法治、德治相结合的乡村治理体系中发挥了不可替代的作用。这些组织通过组织农民参与决策、共同管理乡村事务，增强农民的归属感和认同感。同时，他们还通过开展道德教育、弘扬传统文化等活动，提升农民的道德素质和社会责任感。总之，农村社会组织在乡村发展中扮演着越来越重要的角色，为乡村的繁荣稳定作出积极贡献。

五、促进自治决策，加强文化建设

农村社会组织在乡村社会中扮演着至关重要的角色，他们作为农民的代表，积极参与到村务公开和村民自治等重要事务的决策和治理过程中。这些组织为村庄事务的民主决策提供了重要的平台，使得农民能够更加直接地参与到村庄的管理和决策中来。通过组织村民会议、开展民主协商等多种形式，农村社会组织有效地促进村民的参与和决策权利的实现，使得农民的声音能够被更好地听取和尊重。

在此过程中，农民合作经济组织发挥了尤为显著的作用。他们不仅推动乡村政治建设的深化，还通过加强乡村文化建设，传承和弘扬优秀的乡村文化。这些组织致力于保护和发扬乡村的传统习俗、民间艺术和历史遗产，使得乡村文化得以在现代社会中继续发扬光大。通过举办各种文化活动、培训课程和交流平台，农民合作经济组织提高农民的文化素养和精神风貌，使得农民在物质生活改善的同时，精神文化生活也得到极大地丰富。

这些努力不仅增强了农民的归属感和自豪感，还为构建一个充满活力、和谐有序的善治乡村奠定了坚实的基础。农村社会组织通过这些综合性的措施，使乡村社会更加稳定，农民的生活质量得到显著提升。最终，这些努力将有助于实现乡村振兴战略的目标，推动乡村社会的全面进步和发展。

六、维护乡村稳定，营造现代化氛围

农村社会组织在乡村社会中扮演着重要的角色，他们不仅具备监督和调解的功能，还能够及时发现并解决乡村社会中出现的各种矛盾和纠纷。这些组织通过开展法律咨询、调解矛盾等活动，有效地维护农民的合法权益，从而促进乡村社会的和谐与稳定。农民合作经济组织也积极参与这一过程，他们不仅有助于减少乡村社会中的冲突和矛盾，还通过激发农民参与乡村民主决策的积极性和创造性，进一步推动乡村社会的和谐稳定和可持续发展。这些组织的存在和发展，为乡村社会提供一个有效的平台，使农民能够更好地表达自己的意见和需求，同时也为乡村社会的治理提供有力的支持。通过这些组织的努力，乡村社会的矛盾和纠纷得到有效的解决，农民的合法权益得到充分地保障，乡村社会的和谐稳定得到进一步的巩固和发展。

第二节　农村社会组织参与乡村治理的机制分析

在当前我国全面推进乡村振兴的背景下，农村社会组织作为乡村治理的重要力量，其参与机制和效能日益受到关注。农村社会组织根植于乡土社会，具有深厚的地方性和群众基础，他们通过多样化的形式和活动，积极参与乡村公共事务，推动乡村治理体系和治理能力现代化。

一、有序参与机制

农村社会组织在乡村治理中扮演着重要角色，他们主要以组织或者合作社的形式参与，为乡村的繁荣与发展贡献力量。为了进一步完善这一有序参与机制，需要从多个方面入手，确保农村社会组织能够更有效地融入乡村治理体系中。

第一，政府应当承担起引导和支持的责任。在政策层面，政府应制定和完善相关法规和政策，为农村社会组织提供明确的指导和支持。具体而言，政府可以通过财政拨款、税收优惠等方式，为农村社会组织提供必要的资金支持，帮助他们解决在运营过程中可能遇到的资金难题。同时，政府还应加强技术培训，定期组织针对农村社会组织管理人员的培训活动，提升他们的专业素养和管理能力，从而更好地服务于乡村治理。

第二，基层组织也是推动农村社会组织有序参与乡村治理的重要力量。基层组织应充分利用自身优势，通过广播、宣传栏等多种渠道，积极宣传农村社会组织的功能和作用，引导更多农民和个体户加入其中。在宣传过程中，基层组织应注重实效性和针对性，针对不同群体的需求和特点，开展形式多样的宣传活动，提高农民对农村社会组织的认知度和认同感。同时，基层组织还应积极协调各方资源，为农村社会组织提供必要的帮助和支持，为其在乡村治理中发挥更大作用创造有利条件。

总之，只有政府和基层组织共同努力，为农村社会组织有序参与乡村治理创造良好的治理环境和必要的群众基础，才能获得大多数农民的支持和认可。只有这样，农村社会组织才能顺利参与农村治理，为乡村的繁荣与发展贡献出更大的力量。

二、要素整合机制

地方政府在推动农村社会组织发展的过程中，应当积极携手基层组织，共同开展要素整合工作。这一机制的实施，旨在全面提升农村社会组织的综合能力，进而更好地服务于广大农民群众。

第一，针对经济互助类农村社会组织，地方政府应给予充分的经济支持。这类组织在促进农产品生产、提高农民收入方面发挥着重要作用。因此，政府可以通过提供资金补助、税收优惠等方式，鼓励和支持其开展各类经济活动。同时，政府还应加强技术指导，为农户提供科学的种植、养殖技术，提升农产品的产量和质量。此外，政府还应积极搭建农产品销售平台，畅通销售渠道，帮助农户将农产品顺利销售出去，实现增收致富。

第二，对于政治管理类农村社会组织，政府应加强意识形态管理。这类组织在维护农村社会稳定、推动乡村治理方面具有重要意义。因此，政府应积极宣传先进的思想文化，传播社会正能量，引导其树立正确的价值观和世界观。同时，政府还应鼓励其积极参与乡村治理工作，为其出谋划策、提供智力支持。通过加强政治管理类农村社会组织的建设和管理，可以有效提升乡村治理水平，推动农村社会的和谐稳定发展。

第三，针对社会公益类农村社会组织进行整合也是至关重要的。这类组织的种类繁多、功能各异，在推动农村社会发展、提高农民生活质量方面发挥着重要作用。因此，政府应通过改进服务方式、制定出台相关法规制度、严格审核准入门槛等措施来加强对其的监管和管理。同时，政府还应积极指导和建议其内部治理工作，推动其形成系统化管理模式。只有这样，才能充分发挥社会公益类农村社会组织的功能优势，更好地服务于广大农民群众。

三、矛盾调和机制

"基于农村社会组织的公共性、公益性、专业性、草根性等特征分析，农村社会组织能够通过组织化整合机制促进农民的利益参与、多元化竞争机制增加农民的利益供给、社会化协调机制促进农民的利益和谐。"[1] 因此，在构建和谐农村的进程中，矛盾调和机制扮演着至关重要的角色。为了从根本上化解矛盾，必须深入加强农村社会组织在道德修养[2]领域的建设，这不仅是提升社会治理能力的关键，也是推动农村和谐稳定发展的基石。

在矛盾调和机制中，政府工作人员应一马当先，发挥模范带头作用。他们须自觉加强政治学习，不断提升自身的政治素养与理论水平；同时，积极参与各类教育大会，将所学知识转化为服务群众的实际行动。通过他们的率先垂范，可以激发广大农村社会组织成员的积极性和创造性，共同推动乡村治理的深入发展。

基层组织作为连接政府与群众的桥梁纽带，更应注重政务公开与透明化建设。他们应脚踏实地地为人民群众办实事、解难题，积极响应上级号召，做好群众的思想引导与心理疏导工作。在引导农村社会组织参与乡村治理的过程中，基层组织需注重方式方法的创新与实践，确保各项政策措施能够真正惠及广大农民群众。当冲突发生时，基层组织应始终将人民群众的利益放在首位，公正、公平

---

① 张锋. 农村社会组织参与农村社区治理的利益机制与制度建构 [J]. 学习与实践，2020（8）：96.

② 道德修养，这一概念涵盖道德品质、道德情感、道德意志及道德习惯等多个层面的自我提升过程。它要求个体在内心深处进行深刻的自我反省与改造，通过持续地自我陶冶、锻炼与培养，逐步达到更高的道德境界。

地处理各类矛盾纠纷，以维护农村社会的和谐稳定。

此外，农村社会组织成员也应不断提升自身的科学文化水平与综合素质。他们需积极学习新知识、新技能，努力为农村社会组织注入新的活力与动力。通过不断学习与实践，他们可以更好地适应乡村治理的新要求、新挑战，为农村社会的全面发展贡献自己的力量。

四、完善管理机制

第一，对农村社会组织的内部管理进行修改与完善。为了提升农村社会组织的运作效率与公信力，必须针对其特有的性质进行深入地剖析，从而对症下药。这包括梳理组织内部的关系，明确各成员之间的职责与权限，确保组织的顺畅运行。在此过程中，政府应扮演积极的角色，提供必要的帮助与支持。具体而言，政府可以邀请相关领域的专家，为农村社会组织的内部制度修订与完善提供宝贵的意见与建议，确保规章制度的科学性与合理性。通过量身定制的规章制度，农村社会组织将能够更好地规范自身行为，提升在农民心中的公信力，为乡村治理注入更强的动力。

第二，农村社会组织要积极引进高素质人才。人才是组织发展的核心要素，对于农村社会组织而言也不例外。通过引进高素质人才，可以增强组织内部管理队伍的实力，提升组织的整体运作水平。同时，这些人才还能够与外界开展有效沟通，使组织的运作更加透明化、民主化。更重要的是，他们的加入将使民意得到更好地表达与传递，为乡村治理提供更加坚实的民意基础。

第三，完善外部监督体系。为了确保农村社会组织的健康发展与规范运作，必须建立健全的外部监督体系，包括政府监督、基层组织监督以及农民群众监督等多个方面。农村社会组织应自觉接受这些监督力量的监督与指导，及时纠正自身存在的问题与不足。通过完善的外部监督体系，可以为农村社会组织参与乡村治理奠定坚实的群众基础，确保其在乡村治理中发挥更加积极的作用。

第三节 农村社会组织参与乡村治理的个案研究

"农村社会组织是农村共建共治共享社会治理格局的重要载体、社会治理活动的重要组织单位。"① 随着乡村社会自主性的增强和现实需求的多样化,农村社会组织开始在农村社会中重建和兴起,展现出类型多元、活动多样、发展迅速等特征。然而,农村社会组织在参与乡村治理的过程中确实面临着资源依赖、治理能力有限、主体参与不足等困境和挑战。因此,深入研究农村社会组织参与乡村治理的个案,探讨如何提升其治理能力,以实现有效参与乡村治理,已成为当前农村研究领域的关键议题。

一、山西省 W 村的个案研究

对山西省晋南地区 W 村的个案研究,以"国家—社会"关系为视角,研究农村社会组织的生成逻辑、功能发挥以及面临的问题,并在此基础上探讨农村社会组织提升乡村治理能力的有效路径。W 村属于华北地区非常普遍的村落类型,该村有"同姓氏、多家族"的特点,村中没有形成一个处于支配地位的大宗族,宗族成员对宗族共同体的认同感较低。以血缘为基础的宗族势力相对较弱,无法为家庭或个体提供足够的支持与保护。W 村村民基于各种需求,自发性、选择性地组成不同类型的社会组织,如"经济互助会""老人会"与庙会组织、牛市组织等一系列非正式组织,以实现"相互援助、共同保全及处理村内公共性事务"等目的。

(一) W 村农村社会组织提升乡村治理能力的功能优势

1. 提升组织化程度, 完善参与机制

W 村个体化的农民由于个体能力不足、参与成本过高等原因,其利益诉求极

---

① 章晓乐, 任嘉威. 治理共同体视域下社会组织参与农村社会治理的困境和出路 [J]. 南京社会科学, 2021 (10): 62.

易被村干部或基层政府所忽视。基于村民需求自发组织、自愿结合的各类社会组织，如村内的红白理事会、老年协会等，尽管主要从事相关专门领域活动，但由于其内生于农村土壤，与基层广大农民群众有着天然的联系，所以最了解农民的愿望和诉求，可将关系到农民切身利益的需求进行组织化表达，起到凝聚个体、整合诉求的作用，提升农民参政议政的能力。农村社会组织通过参与、合作、协商等方式与乡镇政府、村委会等治理主体进行对话，发挥联结纽带的作用。乡村两级干部也可借助社会组织与村民进行协商对话，缩短与村民之间的距离，获取最真实的信息和意见，推动基层协商民主的进程，预防和化解潜在的农村社会矛盾。总之，要充分发挥农村社会组织的应有作用，借助农村社会组织提升农民参政议政能力，增强乡村社会的凝聚力和农民对政府的认同感。

2. 加强合作化经营，推动经济发展

W村通过组建农民合作经济组织将农民组织起来，以苹果生产专业合作社为例。苹果生产专业合作社通过土地流转或入股等方式，实现了苹果生产的规模化、集约化，为苹果的种植、管理、销售、储藏提供一体化服务，为果业经济的发展和果农增收提供支持。与小规模、无组织的小农经济相比，农村合作经济组织符合现代农业的发展要求，弥补了农民个体参与市场竞争能力不足的问题，使农民可以获得与市场良好沟通的机会，为实现农村社会共同富裕提供了组织保障。

3. 搭建公共服务平台，优化乡村公共服务供给

在老龄化问题凸显的背景下，W村为解决本村老年人养老问题，成立老年协会，并在县老龄办支持下投资修建老年人日间照料中心。另外，村内还设立农家书屋、棋牌室等文化场所，由老年协会负责管理和维护，从而实现老年人自我管理、自我服务。老年人在个人需求得到保障后，在日常闲暇之余投身本村公益事业，成为本村公共事务的参与主体，由此农村公共服务供给形成良性循环。

4. 拓展资源获取渠道，提升资源利用效率

W村内的老年协会、农业合作社、红白理事会等，可通过与国家政府机构或社会行业协会等相关部门对接，获得垂直领域的专项支持。另外，乡村治理效能

直接影响着资源输入的可持续性。对于传统时期单一治理主体的乡村来说，外部输入的资源容易被少数精英群体俘获，难以惠及农村的多数群体，这严重影响了农民的积极性和获得感。而农村社会组织可以有效提升资源输入绩效，将外部输入资源优化整合，转化为有利于乡村发展的要素和条件。这无疑会增强政府对乡村发展的信心，增强资源输入的可持续性。

（二）W村农村社会组织参与乡村治理的共治困境分析

W村内多数农业合作社由于管理费用、生产投入、土地流转费用等一系列开支较高，单纯依靠农业生产利润难以维持合作社的正常运转，因此大部分合作社必须依靠政府的政策支持和资金补贴。当地政府通过资源输入强势介入合作社，主宰着合作社的性质和发展方向，却忽视了农民的主体性地位，偏离了合作社为农民经济生产服务的目标。同时，"依附式"的社会组织也可能会引发农民对于基层政府的信任危机。

以W村为代表的华北地区农村多为人口输出地，面临着空心化、老龄化等问题，村内社会组织参与主体多为老人和妇女群体。虽然这两类群体有充足的时间参与组织活动，但参与治理的能力有限，只能满足小范围内的需求，此种情况严重限制了农村社会组织的功能发挥。

（三）W村农村社会组织参与乡村治理的实现路径

1. 妥善处理国家主导与社会主体的关系

社会善治是实现公共利益最大化的过程，"本质特征是政府和公民对公共事务的合作管理，是国家与市民社会的一种新颖关系，是两者的最佳状态"。从构建基层治理体系的视角来看，国家与社会两者缺一不可，需要进一步建立健全基层党组织领导、多主体参与的乡村治理体系。

（1）坚持党对社会组织的全面领导，不断完善党建带群建的体制机制。党和政府应该在乡村振兴推进过程中当好"总指挥"，发挥好统筹全局的作用。完善农村组织相关立法，根据不同类型农村社会组织的特点，制定与之匹配的规范化、制度化的法律规范，将社会组织参与乡村治理纳入法治轨道。把社会组织培育和发展作为基层治理重要任务，建立农村社会组织孵化和培育平台，加大对社会组织的政策支持和资源倾斜，"扶上马、送一程、做后盾"，为社会组织参与乡村治理提供良好的外部环境。

（2）明确基层党组织和农村社会组织之间的职能边界。逐步推进治理形态由"政府本位"转化为"农民本位"，规避政府权能运行带来的负面效应。理顺基层政府和社会组织二者之间的职能关系，建立参与主体的权责清单，通过培育和发展社会组织提升国家资源投入效率，实现乡村治理资源的最优配置。

当然，"小政府、大社会"需要建立在坚实的社会基础上。政府向社会放权赋能，也要考虑社会组织的承载能力。在社会组织不成熟的情况下，政府过早地转移职能，可能会引发"社会失灵"，即基层社会自治的混乱。因此，要让政府和农村社会组织以最突出的优势占据最科学合理的位置，从而实现"优势治理"的目标。

2. 妥善处理农村传统社会组织与新型社会组织的关系

基于乡村自然环境、血缘结构、文化风俗等因素，乡村社会治理形成了独特的文化网络和制度底色。随着国家权力和现代治理规则的介入，乡村传统治理规则被逐步替代。但在乡村坚持"底线共同体"的前提之下，乡村传统治理规则和治理资源依然持续发挥着作用。因此，在推动构建新型社会组织过程中，不能脱离农村社会的历史文化背景。基于乡村社会治理底色，立足既有的群众性社会组织，整合、利用既有资源，借助熟人社会的优势减少治理成本。另外，传统社会组织是新型社会组织的初始形态，新型社会组织能够发挥更高的资源配置效率。因此，传统社会组织需要进一步发展和完善，将组织中非制度性、不规范的因素转变为制度化、程序性的运行模式。同时，要把握不同类型传统社会组织的特点，挖掘差异化优势，构建协同合作、多元参与的乡村自治体系。

3. 妥善处理农村社会组织内部培育与外部引入的关系

农村社会组织的培育和发展，最关键的是要进行能力建设。既要重视农村内生性社会组织的能力培育，同时也要注重外部资源的引入。从社会组织的内部来看，要不断加强各类农村社会组织建设，规范和完善组织结构和管理制度，增强组织内部凝聚力。提升农村社会组织参与乡村治理的专业化水平，推动构建新型社会组织。从社会组织的外部看，积极拓展农村社会组织发展的外部资源输入渠道。搭建农村社会组织与政府、社会、企业之间的资源对接平台，引入资金、技术等治理要素，破解资源和制度等方面的束缚。针对人才短缺问题，充分发挥"新乡贤"群体的作用，鼓励能力强、有威望的乡村精英回乡创业，鼓励外部各领域人才引领农村社会组织良性发展。

二、江西省赣州市 F 村的个案研究

F 村位于赣南兴国县偏远山区，距县城 45 公里，村庄规模较大，农村社会组织众多。通过对 F 村捐资助学协会、刘氏宗族理事会、生姜专业合作社和文化发展协会四个农村社会组织的调查发现，不同的社会组织因其自主性和组织力的差异，在参与乡村治理过程中会产生不同的治理效能。

（一）农村社会组织参与乡村治理的治理效能

1. 捐资助学协会的治理效能

F 村捐资助学协会成立于 2019 年 1 月 31 日，是致力于本村教育事业发展的公益性农村社会组织。自协会成立以来，每年都会在村小举办固定的捐资助学活动，并在微信公众号中发布公告。除了每年固定的捐资助学活动外，协会还帮助村小完成了基础设施的更新，如更换课桌椅、建设乒乓球台和篮球架等。

捐资助学协会的组织特征符合"治理型组织"的理想状态，具有强自主性和强组织力。从协会的成立动力来看，是基于村庄教育发展的内生需求，依靠村庄内部力量筹办起来的。F 村的捐资助学协会以强自主性和强组织力参与乡村治理，为村庄提供文化公共产品；同时，将分散的村民组织起来，有助于村民公共精神的培养和村庄公共性的提升。

2. 刘氏宗族理事会的治理效能

F 村是一个宗族主姓村，其中刘姓为主姓，2013 年，为了更好地推进刘氏宗族各项公共事务的顺利开展，6 个房支的宗族"话事人"共 20 余人参与会议，决定成立"刘氏宗族理事会"组织。理事会中设有"总理""副总理"、常务理事、监察员、会计、出纳和后勤组长等职位，重要职位由投票选举产生，当选的

大部分是德高望重的老人，且职位都是终身制，其他职位则通过自荐方式产生。宗族理事会负责的公共活动主要包括编修族谱、重建祠堂、集体祭祖等。F村的刘氏宗族理事会具有强自主性和弱组织力，其参与乡村治理受到各种层面的限制，存在"家族向心力"和族群边界感太强，只关心宗族事务而忽略村庄事务等问题，但如果积极加以引导和利用，依旧可以在乡村治理中发挥自身的价值。

3. 生姜专业合作社的治理效能

F村盛产的生姜是江西名特蔬菜之一，具有一定的品牌效应。村民几乎家家户户都会种植生姜，主要采取稻姜轮作和合理套种的方式，姜农根据市场收购价格决定是否出售生姜，价格太低时则用姜窖把生姜储藏起来。随着F村的生姜品牌效应越来越弱，将无法满足市场的需求。由于F村并无发展合作社的经验，组织内部并没有设置应有的机构，由村委会和合作社管理人员自行决定合作社的经营内容和发展方向，导致入社农户积极性不高，甚至有农户退出合作社，F村生姜专业合作社逐渐演变为由种植大户主导和村干部代理的"空壳"合作社。

F村的生姜专业合作社以其弱自主性和弱组织力参与乡村治理，由于合作社自身发展不足、过度依赖政府扶持，依附性较强。同时，偏离农民组织的服务主旨，社员参与意识欠缺、合作意识不强，在乡村治理中无法有效发挥治理效能。

（二）赣南F村农村社会组织提升其参与乡村治理的效能策略

1. 基层政府应尊重社会组织的主体性地位

（1）赋权，即赋予权利，基层政府应赋予农村社会组织自治权。自治权意味着农村社会组织享有自我管理、自我决策、自我行动和自我监督的自主权利，能够自主决定组织的发展方向、治理结构、资金管理和项目运作。但在实践中，基层政府往往会压缩农村社会组织的自治权，从而限制其自主发展空间，要提升农村社会组织的自主性，基层政府应当保障其充分的自治权。

（2）减少权力制约，即减少强制性权力的制约，增加规范性制度的引导。政府拥有强制性权力，能够以行政权力和政治权力制约社会组织自身社会权利的发展。如社会组织的登记制度，最初政府为了强化对社会组织的控制，规定社会组织必须接受业务主管单位和登记管理机关的双重管理；之后，政府放开对社会组织的管制，规定社会组织只需在民政部门登记注册。从双重管理体制到直接登记制度，反映了政府对于社会组织的权力制约的减少，社会组织也获得了更多的自主发展空间。要提升农村社会组织的自主性，基层政府应明确自身权力边界，缩小行政权力干预力度和空间，发挥社会组织的主体作用。

2. 农村社会组织应积极推动组织能力建设

农村社会组织能否在乡村社会治理中发挥应有的功能，取决于其组织能力的强弱。由于组织能力的不足，农村社会组织在参与乡村治理过程中会受到限制，出现一些治理困境。为了克服农村社会组织在乡村治理中的治理困境，要以组织能力建设为中心，进一步提升治理效能。农村社会组织加强组织能力建设可从以下三个方面入手。

（1）不断提升组织动员能力。采取有效的动员策略和多元化的激励机制是提升组织动员能力的重要方式。在乡村社会可以利用同族血缘关系、乡土地缘关系和宗教信仰关系，对村庄特定群体采取情感动员的方式以获得信任和支持。对于组织内部成员，可以采取利益动员、奖惩激励的策略，提升组织成员的执行力。

（2）不断提升内部治理能力。在组织架构建设方面，应设置完备的组织机构，确保组织内部决策权、执行权和监督权的分离，设置公开透明的民主决策机制和民主监督机制；在规章制度建设方面，应制定符合组织发展方向的章程，并根据发展阶段中遇到的问题对章程进行适当的调整。同时，必须建立严格的信息公开制度，坚持日常运作程序的可视化、规范化，组织的运作过程应接受组织成员和全体村民的监督。

（3）不断提升资源整合能力。利用农村社区的社会资本、文化资本和经济资本获得更多资源。借助现代信息技术和网络技术，实现组织成员线上和线下的双重管理。

3. 坚持党建引领社会组织现代化转型发展

要实现农村社会组织有效参与乡村社会治理，必须坚持党建引领，确保社会组织正确的发展方向。乡村社会中的社会组织包括村民理事会、院落理事会、红白理事会等自治组织，农村集体经济组织、农民专业合作社等经济组织，以及宗族理事会、村庙理事会等文化组织。有些乡村传统社会组织在其复兴过程中并未完全实现现代性转型，例如，宗族组织等基于血缘、信缘关系形成的传统组织，其具体形式有宗族理事会、村庙理事会，他们在组织机构形式和组织管理观念等方面仍然带有传统的支配性特征，宗族长老与信仰权威"寡头式"的管理方式与现代社会组织的民主管理方式相悖。

在宗族型村庄，传统宗族组织趋于保守性和传统性的组织特征会对乡村治理产生一定的负面影响，如果不加以引导将会阻碍农村现代化转型的进程。要实现乡村传统社会组织的现代化转型和发展，就必须加强基层党组织建设，坚持党建引领传统组织的现代化转型，发挥党建的政治引领、价值引领和思想引领功能，推动传统组织的组织载体、组织制度和组织文化革新，使之不再单纯以传统的血缘、亲缘关系为组织边界，而是借助传统组织的社会文化网络和社会结构资源成立公共性较强的社区理事会，将宗族组织中的长老和村庙组织中的信仰权威转化为社区理事会成员。通过党建引领整合正式权威与非正式权威，在乡村治理中形成合力，将传统组织的制度优势整合到现代乡村治理体系中。

三、内蒙古东部 A 镇的个案研究

内蒙古东部 A 镇位于交通要塞，南北横跨两条公路（G111 国道和 G5511 省道），直通邻近省市。以下三个案例所在村庄坐落在同一条河的流域，其生活方式、生产方式以及文化习俗都相同；农村社会组织的成立时间相近，具有相近的社会背景和政策背景；三个组织都已历经一段发展时期，现在已经在乡村中生根发芽，得到村民认可并积极参与乡村治理，给乡村治理提供了更多可能性。

（一）A 镇三村案例介绍

1. H 村 "黑木耳合作社"

随着国家"精准扶贫"政策的推进，以往"输血式"扶贫模式被转换为"造血式"扶贫模式，这也成为 H 村社会组织萌芽的契机。由于 A 镇邻近黑龙江省和吉林省，生产、生活方式都极具东北特点，黑木耳种植思路也是来自这两个省份的经验。由此，镇政府推动的合作社顺利在 H 村扎根，开始了五亩地的试点工作，历经一段时间，试点的"菌棒子"顺利长出木耳，试点较为成功。不仅如此，随着 H 村黑木耳合作社的逐渐成熟，还探索出"木耳面"等特产，并且将这一方式推广到其他行政村，形成了新的劳动方式。由于不需要成本也不是体力活，所以尤其得到老年人的青睐。

从 H 村社会组织的发展路径来看，表现出"自上而下"推动的特点。首先，从建设合作社的思路、探索技术、注册成立、提供场地到原材料购买都由镇政府主导推动，可以说是镇政府的一个"产品"。其次，村"两委"对扶贫户的选定和参与种植户的评定工作具有较高的决定权，并非所有村民都能参与其中。最后，木耳的销售依靠政府的宣传以及政府所创造的"展销"机会。

2. D 村"心连心广场舞蹈队"

D 村"心连心广场舞蹈队"成立于 2016 年 7 月，成员都是女性。该舞蹈队的成立契机是内蒙古自治区美丽乡村建设政策的推进，以及盟（市）里文化部门每年组织的广场舞培训。舞蹈队的创立者是具有 30 年教龄的乡村教师包老师，她对舞蹈唱歌有热爱，并且在自己家里经常跳舞唱歌，但一直没有形成规模。

随着美丽乡村建设政策的推进，翻新了农村道路、危房，也建设了新的学校、广场等硬件设施，为广场舞的萌芽创造了契机。广场舞不仅促进了村民之间的交流，也促进了村民与村领导之间的沟通。现在，舞蹈队每年都会编排四五个新的舞蹈，购置新的服装，并与邻近村、镇和旗县开展联谊和演出活动，甚至也接受过盟（市）电视台的采访，代言和宣传旗县农产品公司的产品等工作。

3. S 村"手工坊"

S 村"手工坊"成立于 2019 年 7 月，成员以女性为主。该组织的成立契机是 2017 年 10 月"乡村振兴战略"的提出以及"精准扶贫"的持续推进，结合民族文化的手工品制作等项目成为"产业振兴"的探索路径。2019 年初在呼和浩特市举办全区范围的培训班，S 村妇联主任等几名人员代表 A 镇参与其中，成为创立"手工坊"的契机。在全区范围推广民族传统技能、职业培训等政策的推动下，A 镇所在旗（县）政府相关部门在旗、镇以及各村落中相继开设了培训班，这也直接推动成立了 S 村手工坊。

手工坊的培训班的开设，不仅让农村女性重新拾起针线，也促进了村民之间的交流。村民很快就熟练掌握了这门技能，不仅跟着老师学习，还不断摸索出新的样式和具有民族文化特色的产品。从组织的运营情况来看，针线、布匹等原材料都由政府部门直接提供，产品也由政府部门负责收集和销售。虽然组织成立时间较短，手工坊的规模相对较小，制作的手工业没能给村民带来实际收入。但是由于村民空闲时间较多，且不需要成本，村民的参与意识较高。

S村社会组织的创办者也是村里妇联主任，具有对上和对下双向社会关系资本，得到政府支持和村民的认可。成员的"计划性参与"是组织发展的保障。手工的样式中包含着民族文化成分，对继承传统文化、创新民族文化等方面起到了间接的推动作用。

（二）A镇农村社会组织参与乡村治理的组织化振兴策略

1. 农村社会组织促进产业振兴

从A镇所处地理位置来看，这里不具有发展工业的条件，并且随着农业用地、住宅用地的不断扩大以及"禁牧"政策的不断深入，牧业的发展逐渐受阻，只靠小农经济无法实现脱贫和经济发展目标。在乡村振兴战略提出的背景下，随着农民再组织化和农村社会组织的建构，黑木耳种植、制作手工品等多样化类型的社会组织不断组建，成为辅助农业，增加家庭收入的不错选择。并且从参与者特性来看，老年人和女性是这类组织的主要参与者，这与以往打麻将、看剧打发时间相比，给村民提供了更多参与劳动的可能性。

2. 农村社会组织促进乡风文明

（1）组织化参与促进村民之间的自助和互助。随着村民的组织化参与，不仅促进了组织内部成员间的信任，也促进了村民在劳动、生活等领域的广泛交流和互帮互助，增加了社区社会资本。如帮忙采集木耳、帮忙灌溉、帮忙剪羊毛、轮流放牧等。

（2）组织化参与促进村民的生涯教育和法律知识传播。随着"撤村并校"的推进，村民的组织化参与，不仅促进了组织内部成员（女性）之间的交流和知识传播，也间接增长了村民的知识。

（3）农村社会组织促进有效治理。随着农民的再组织化，一方面促进了村民与村领导之间的交流，村民在广场等非正式场合更愿意表达自身的想法，也能

"玩笑"式地表达一些建议。另一方面，促进村民之间的相互监督。

（4）农村社会组织促进文化继承和文化创新以及生活富裕。

第一，组织化的参与有助于继承文化和创新文化。D村广场舞蹈队在舞蹈编排以及歌曲的选择过程中不仅选择流行歌曲，也选择众多蒙文歌曲或草原歌曲，服装上则会选择蒙古袍等，具有继承传统文化的特点。而从S村手工坊的作品来看，村民也会发挥自己的想法，将民族元素加入作品中，促进文化创新，这对少数民族来讲具有重要的意义。

第二，随着人民生活水平的提高，村民的需求逐渐多样化，除追求物质生活外，也会寻求更多精神生活。而多样化农村社会组织的发展能够给村民提供多样化的社会参与平台，村民通过参与舞蹈、参与运动满足心理和精神需求，有助于丰富生活，实现自身的美好生活。

由此，农村社会组织的发展与乡村振兴战略的总体要求相结合，是乡村振兴的有益路径之一。但是，了解到不同类型的农村社会组织所发挥的功能也有所差异，如劳动组织主要在生产、生活等领域具有较强影响，娱乐组织对生活、文化等领域具有较强影响，所以研究中也应区别开来。不仅如此，农村社会组织从萌芽、成立到发展，始终处于动态过程中，与基层政府、村"两委"以及与村民产生相互关系，所以，应从动态的视角审视农村社会组织的发展过程。

第四节　农村社会组织建设推进新型农村社区共同体建设

构建农村社会生活共同体，是关乎农村社会和谐稳定、国家长治久安的大计。通过农村社会组织建设，推进农村社区建设，进而构建新型农村社区社会生活共同体，仍然是一个需要认真对待的问题。在新型农村社区培育和发展农村社会组织，优先培育和发展与农民生产生活息息相关的、贴近农村实际、贴近农村生产和农民生活实际的农村社会组织，从而推进社区社会生活共同体重建。

一、农村经济合作组织的培育与发展：奠定农村社区共同体的经济基础

农村经济合作组织作为农民自愿联合、民主管理的互助性经济组织，是新型农村社区经济发展的重要支柱。其通过资源整合、信息共享和市场开拓，有效提升农业生产效率和市场竞争力，为农村社区共同体奠定了坚实的经济基础。农村经济合作组织通过规模经营降低生产成本，提高农业生产效率，增加农民收入，为农村社区共同体的经济发展注入新的活力。他们注重品牌建设，提升农产品的品质和形象，提高农产品的附加值和市场竞争力，进一步促进农村社区的经济繁荣。同时，农村经济合作组织还积极推动农业农村现代化进程，引进新技术、新品种，提高农业生产的科技含量和附加值，使得农业生产更加高效、环保和可持续。这些努力不仅为农村社区共同体提供了强大的经济支撑，也为其长远发展奠定了坚实基础。

农村经济合作组织的发展不仅关乎经济层面，更与农村社区共同体的整体建设紧密相连。他们通过积累资金、投资公共设施等方式，改善了农村社区的生产生活条件，提升了居民的生活质量。同时，农村经济合作组织还积极参与社区治理，提供公共服务、反映农民诉求，促进了农村社区的和谐稳定。这种全方位的参与和贡献，使农村经济合作组织成为农村社区共同体建设中不可或缺的力量。

二、文体类社区社会组织的培育与发展：丰富农村社区共同体的精神文化生活

文体类社区社会组织是满足农村居民精神文化需求、提升社区凝聚力的重要载体。这类组织通过组织各类文体活动、节庆庆典和教育培训，丰富农村居民的精神文化生活，增强社区成员之间的交流与互动。文体活动作为社区文化的重要组成部分，对于培养居民的共同体意识和归属感具有显著作用。通过参与文体活动，农村社区成员能够更好地了解彼此，增进友谊和信任，形成更加紧密的社区关系，从而进一步丰富农村社区共同体的精神文化生活。

在农村社区共同体的建设中，文体类社区社会组织通过组织多样化的文体活动，如文艺演出、体育比赛、节庆庆典等，为农村居民提供了展示自我、实现价

值的平台。这些活动不仅丰富了居民的精神文化生活，还提升了他们的文化素养和审美能力。同时，通过参与文体活动，居民还能锻炼身体、增强体质，提高生活质量。这种全方位的提升特征，使文体类社区社会组织成为农村社区共同体建设中不可或缺的一部分。

除组织文体活动外，文体类社区社会组织还重视教育培训工作。他们通过开展各类培训课程、讲座等活动，提高居民的文化素质和技能水平。这不仅有助于提升居民的个人能力，还能够为他们的就业和创业提供更多的机会和选择。这种教育培训的开展，不仅丰富了农村社区共同体的文化内涵，也为其长远发展提供了有力的人才支撑。

三、多元化、公益及互益性社区社会组织的培育与发展：强化农村社区共同体的支持网络

多元化、公益及互益性社区社会组织涵盖环境保护、扶贫济困、医疗卫生、教育辅导等多个领域，通过提供专业化的社会服务，有效弥补政府和市场在农村公共服务供给中的不足。他们的存在不仅为农村居民提供了及时有效的帮助和支持，还通过倡导公益精神、培养互助意识，增强社区的社会资本，进一步强化农村社区共同体的支持网络。

在农村社区共同体的建设中，多元化、公益性及互益性社区社会组织发挥着举足轻重的作用。这类组织通过整合社会资源、动员社会力量，为农村社区提供多样化的公共服务。例如，环境保护组织推动垃圾分类、污水处理等项目，改善农村生态环境；扶贫济困组织提供资金、物资等援助，帮助贫困家庭渡过难关；医疗卫生组织开展健康讲座、义诊等活动，增强居民的健康意识和医疗水平；教育辅导组织提供课外辅导、兴趣班等服务，丰富了农村青少年的课余生活。这些服务的提供，不仅满足了农村居民的实际需求，也增强了他们对社区的认同感和归属感。

除提供公共服务外，多元化、公益及互益性社区社会组织还注重倡导公益精神和培养互助意识。他们通过组织志愿服务、公益活动等方式，引导居民积极参与社区事务，培养他们的公共精神和责任感。同时，这类组织还通过搭建交流平

台、促进信息共享等方式，增强居民之间的互信和合作，形成了更加紧密的社区关系。这种紧密的社区关系不仅有助于提升农村社区共同体的凝聚力，也为其长远发展提供了有力的社会支持。

第六章 多元主体协同参与乡村治理的创新探索

乡村多元主体协同治理是指基层政府、社会组织、乡村精英、普通村民等多元主体在一系列正式制度和非正式制度安排下，共同处理乡村公共事务的持续的动态过程。"多元主体协同治理是乡村振兴背景下推动全域土地综合整治高质量发展的必然要求，为整合多方资源要素、协调多元主体行动、提升整治效率提供有效路径。"① 这种治理模式强调多元主体之间的协同、合作与互动，以实现乡村社会的有效治理和全面发展。

一、乡村治理现代化中多元主体间的关系

从上下层级关系来看，乡村治理现代化中各类主体展现了一种层次分明、协同有序的治理格局。乡镇党委政府处于上一级的政府机构，在乡村治理现代化中扮演着"指导者"的角色，对农村基层党组织、农村社会组织、农村经济组织和村民群众起到了重要的指导作用。作为基层治理的重要主体，乡镇党委政府不仅是联系国家和社会的重要纽带，也是国家治理体系的重要基石，其治理能力直接关系到国家战略的执行绩效。

乡镇党委政府能够将上级的政策方针和指示精神传达到农村一线，也能结合本乡镇实际情况，制定符合发展实际、具有地方特色的规划和政策，在大方向上指引乡村治理现代化的路径。农村基层党组织、农村社会组织、农村经济组织和农民群众属于下一级，在乡镇党委政府的指导下开展具体的乡村治理工作。除此

---

① 李秋芳，汪文雄，崔永正，等.组织关系视角下全域土地综合整治多元主体协同治理的逻辑框架与网络形式 [J].自然资源学报，2024，39（4）：912.

之外，乡镇党委政府还承担着为农村提供基础设施和公共服务的职能，不断完善基础设施建设，满足农民群众的个性化需求，提升乡村社会的整体治理水平。

从主导和辅助关系来看，乡村治理现代化呈现出一个清晰而有序的结构。农村基层党组织在乡村治理多元主体中起到了主导作用，是乡村治理现代化的领导核心，也是农村各项事务的"统领者"。而农村社会组织、农村经济组织等则扮演着辅助角色，共同构成了乡村治理的多元主体。农村基层党组织通过"主题党日""三会一课"等党内政治生活，统一党员干部的思想，使党员积极发挥先锋模范作用，进而带动广大村民参与到乡村治理中。同时，农村基层党组织还具备协调能力，能够有效协调农村社会组织和经济组织之间的关系，共同参与到乡村治理中。农村社会组织、农村经济组织在乡村治理中起到了辅助的作用，他们具有提供多元化的公共服务和优化资源整合的重要功能，能够满足村民多层次、多方面、多样化的需求，是乡村治理的有效补充。

从主体和客体的关系来看，乡村治理现代化是一个复杂而多元的过程。在这个过程中，农民是最主要的参与主体，他们的积极性、主动性和创造性直接关系到乡村治理的成效。农民在彼此日常接触时所拓展的互动空间为乡村治理奠定了具体的社会背景，农民在调节人际关系和维系生活秩序过程中自发形成的地方性知识，为实现有效治理提供了重要的社会性动力与坚实支持。而其他多元主体，如乡镇党委政府、社会组织等，虽然也扮演着重要的角色，但相对于农民来说，他们的参与更多是补充。农民作为农村治理的主要参与者，其主体地位应得到充分尊重与保障。在实践中切实维护好农民的个人自由和权利，确保这些权利不受侵犯。明确村民的主体地位，意味着始终坚持群众观点，紧密依靠农民群众，践行群众路线，让农民在乡村治理现代化进程中发挥主体作用，共同推动乡村社会的全面进步与发展。同时也要发挥好其他客体的作用，为乡村治理现代化提供文化、公共服务和物质保障等。

从以上多元主体间的关系中可以得出，在乡村治理现代化的进程中，乡镇党委政府、社会组织、村民个体等主体，各自拥有不同的职责和功能，但又相互依存、相互促进，构成社会治理共同体，极大地提升了乡村治理的水平。乡镇党委政府作为乡村治理的重要力量，承担着制定政策、提供服务、维护秩序等职责，不仅是上级政策的执行者，也是乡村利益的代表者，通过科学的决策和有效的管理，维持乡村社会的和谐稳定。社会组织作为乡村治理的补充力量，能够整合社会资源，弥补政府服务的不足，并提供更加多样化、个性化的服务，满足村民的多元化需求，保证乡村治理的公平透明；村民作为乡村治理的基础力量，通过表达利益诉求、监督治理工作、传承乡村文化等方式，能够直接参与到乡村治理的实践中，推动乡村社会的可持续发展。农村基层党组织作为乡村治理的领导核心，既能落实上级政策，也能引导村民参与其中，还能协调各农村社会组织和经济组织之间的关系，起到了至关重要的作用。乡镇治理涉及多元主体、多个领域，需要在基层党组织的领导下各司其职、相互配合、协同推进。这些主体在社会治理共同体的框架下紧密联系、协同互补，共同推进乡村治理现代化。

二、乡村多元主体协同治理格局的演进特点与体现

（一）演进过程的主要特点

1. 主体多元化

随着乡村治理实践的深入，参与乡村治理的主体日益多元化，这是乡村治理演进过程中的一个显著特点。随着社会的发展和治理理念的更新，社会组织、乡村精英、普通村民等各方力量逐渐崭露头角，发挥着越来越重要的作用。这种多元化的主体结构不仅丰富了乡村治理的内涵，也提高了治理的效率和效果。

多元化的主体带来了多样化的资源和视角，使得乡村治理能够更加全面地考虑各方利益和需求。基层政府作为主导力量，负责制定和执行相关政策，推动乡村发展；村民委员会则作为桥梁，连接政府与村民，传达政策并反馈村民意见；社会组织则以其专业性和灵活性，在特定领域发挥独特作用；乡村精英利用其影响力和经验，引导村民参与治理；普通村民则是治理的基础，他们的积极参与是乡村治理成功的关键。

2. 权责明确化

在协同治理过程中，各主体的权责关系逐渐明确，这是乡村治理演进的另一个重要特点。通过制定和执行相关法律法规、村规民约等制度性安排，各主体在

治理过程中的角色和责任得到清晰的界定。这种权责明确化不仅有助于避免治理过程中的混乱和冲突，还能确保各主体在治理过程中各司其职、各尽其责。

权责明确化要求各主体在行使权力的同时，也必须承担相应的责任。基层政府需要制定科学合理的政策，并确保政策的执行和落实；村民委员会需要积极传达政策，并反映村民的诉求；社会组织需要在其专业领域内发挥作用，并对其行为负责；乡村精英需要引导村民参与治理，并对其影响力负责；普通村民则需要遵守相关法律法规和村规民约，积极参与治理活动。

3. 互动频繁化

多元主体之间的互动日益频繁，这是乡村治理演进过程中的又一个显著特点。通过对话、协商、谈判等方式，各主体在治理过程中达成共识，共同推动乡村治理目标的实现。这种频繁的互动不仅有助于增进各主体之间的了解和信任，还能促进信息的交流和资源的共享。

互动频繁化要求各主体具备开放的心态和合作的意愿。基层政府需要积极倾听各方意见，与村民和其他主体进行平等对话；村民委员会需要组织各种形式的协商活动，促进村民之间的交流和合作；社会组织需要与其他主体建立合作关系，共同推动乡村发展；乡村精英需要发挥引领作用，带动村民参与治理；普通村民则需要积极参与各种治理活动，表达自己的诉求和意见。

4. 机制创新化

在协同治理过程中，不断涌现出新的治理机制和创新模式，这是乡村治理演进过程中的一个重要特点。如基层党组织领导下的多元主体协同共治、新乡贤参与乡村治理等模式，为乡村治理注入新的活力。这些创新机制不仅有助于解决传统治理方式存在的问题，还能适应乡村发展的新需求和新挑战。

机制创新化要求各主体具备创新意识和创新能力。基层政府需要不断探索新的治理方式和手段，提高治理效能；村民委员会需要创新工作方式，更好地服务村民；社会组织需要创新服务模式，满足村民的多样化需求；乡村精英需要创新引领方式，激发村民的参与热情；普通村民则需要积极参与创新实践，为乡村发展贡献自己的力量。

（二）乡村多元主体协同治理格局的演进体现

第一，治理主体的多元化。随着乡村振兴战略的实施，乡村治理不再是单一主体的行为，而是多元主体共同参与的过程。这些主体包括但不限于地方政府、农业企业、农民合作社、非政府组织以及普通村民等。各主体在治理过程中发挥着不同的作用，共同推动乡村的发展。

第二，治理机制的创新。在新时代背景下，乡村治理强调政府主导、社会协同、公众参与和法治保障，形成了现代乡村社会治理体制。这要求治理机制不断创新，以适应多元主体的参与和乡村发展的需求。创新治理机制包括完善相关法律法规、制定科学合理的政策、建立有效的监督机制等。通过这些创新机制，可以确保各主体在治理过程中的权益和责任得到保障和明确。

第三，治理网络的构建。多元主体协同治理涉及复杂网络关系，包括命令传递、资源流动和信息沟通等。这些网络关系的构建和优化是提升治理效率和效果的关键。构建治理网络需要各主体之间建立紧密的合作关系，形成有效的信息交流和资源共享机制。同时，还需要优化网络结构，提高网络的稳定性和韧性，以应对乡村治理过程中的各种挑战和风险。

第四，治理实践的地方化。不同地区的乡村治理实践具有鲜明的地方特色，根据当地的资源禀赋、文化传统和发展阶段，多元主体协同治理的具体模式和路径也会有所不同。治理实践的地方化要求各主体在参与治理过程中充分考虑当地的实际情况和需求，制定符合当地特点的治理策略和措施。通过地方化的治理实践，可以更好地发挥各主体的优势和作用，推动乡村的可持续发展。

第五，治理效果的评估与反馈。为了确保治理效果，需要建立有效的监督评估机制，及时调整和优化治理策略。这有助于实现治理的动态平衡和持续改进。评估治理效果需要从多个维度进行考量，包括经济效益、社会效益、环境效益等。同时，还需要建立反馈机制，及时收集和处理各主体的意见和建议，以便对治理策略进行及时调整和优化。通过评估与反馈机制，可以确保乡村治理的持续优化和进步。

三、乡村多元主体协同治理的挑战和障碍

乡村多元主体协同治理作为推动乡村振兴和实现可持续发展的关键路径，面临着多方面的挑战和障碍。这些挑战不仅源于治理体系内部的结构性问题，还涉及资源分配、政策执行、农民参与度、治理模式冲突、社会资本缺乏、经济发展水平以及环境和生态问题等多个维度。

第一，治理体系与顶层制度设计的衔接问题。乡村治理体系与顶层设计之间的有效对接是实现协同治理的基础。然而，当前乡村治理体系往往难以与顶层设计形成有效的对接，导致多元治理主体在实际操作中难以形成统一的治理共同体。这种衔接不畅的问题主要源于顶层设计的宏观性和乡村治理体系的微观性之间的差异，以及两者之间缺乏有效的沟通机制和桥梁。

第二，资源和能力的不均衡分配。在乡村多元主体协同治理中，不同的治理主体在资源、技术和管理能力上往往存在显著的差异。一些主体可能拥有丰富的资源和强大的治理能力，而另一些主体则可能相对匮乏。这种不均衡的分配不仅影响协同治理的效率和效果，还可能加剧治理主体之间的不平等和矛盾。

第三，政策执行和监管难度。乡村地区的地理分散和信息不对称给政策的执行和监管带来了较大的挑战。一方面，地理分散导致政策传达和执行的成本增加，难以确保政策的全面覆盖和有效实施；另一方面，信息不对称使得监管部门难以准确掌握乡村治理的实际情况，难以及时发现和纠正问题。

第四，农民参与度和意识。农民作为乡村治理的重要主体，其参与度和对协同治理重要性的认识不足是推进乡村振兴的一大障碍。一方面，农民可能由于缺乏信息、教育或激励导致参与治理的积极性不高；另一方面，他们可能对协同治理的概念和重要性缺乏足够的了解，难以形成有效的参与和合作。

第五，传统与现代治理模式的冲突。在乡村地区，传统的治理模式往往以家族、宗族或地方权威为中心，而现代治理理念则强调法治、民主和多元参与。这两种治理模式之间可能存在明显的冲突和矛盾，需要时间和努力来调和与整合。

第六，社会资本的缺乏。社会资本是协同治理成功的重要因素，包括信任、社会网络和合作精神等。然而，乡村地区可能由于历史、文化或经济原因而缺乏

足够的社会资本，导致治理主体之间难以形成有效的合作和共识。

第七，经济发展水平的限制。经济发展水平较低可能严重限制乡村治理的创新和投资。一方面，经济发展水平低意味着政府和社会对乡村治理的投入有限，难以支持治理主体的能力建设和服务提供；另一方面，经济发展滞后也可能导致乡村地区缺乏吸引和留住人才的能力，进一步削弱治理主体的实力。

第八，环境和生态问题。乡村地区的环境治理和生态保护是协同治理的重要内容。然而，这些问题的复杂性和长期性给治理带来了巨大的挑战。一方面，环境治理和生态保护需要长期的投入和持续的努力；另一方面，乡村地区可能缺乏足够的资源和能力来应对这些挑战，导致环境治理和生态保护的效果不佳。

第二节　多元主体协同参与乡村治理的角色定位

一、基层党组织：领导核心

基层党组织作为乡村数字治理的领导核心，在乡村数字治理过程中发挥着关键的引领作用。一是制定战略规划。基层党组织负责制定乡村数字治理的战略规划，明确发展目标和重点任务，确保乡村数字治理工作符合国家战略和地方实际需求。二是整合力量。基层党组织发挥自身领导优势，整合政府部门、企事业单位和农村社会组织等各方力量，推动乡村数字基础设施建设、信息化服务提升和数字化技能培训等工作的顺利进行。三是发挥党员示范引领作用。党支部可以组织党员开展调研和座谈会，深入了解村民对数字乡村建设的期望和需求。通过与村民面对面交流，听取他们的意见和建议，了解他们对数字技术的接受程度、需求程度以及可能存在的问题和困难，从而引导多元主体共同参与数字乡村建设。

二、乡镇政府：主导者

乡镇政府在乡村数字治理过程中处于主导地位，发挥着关键的统筹协调作用，具体体现在以下三个方面：一是统筹协调资源。乡镇政府在乡村数字治理过程中，需要整合和协调各类资源，包括财政资金、人力资源、基础设施建设等，确保乡村数字治理工作的顺利推进。二是加强部门协同。乡镇政府通过运用数字技术整合内部资源，打破部门间行政壁垒，建立跨部门的主体和业务协同体系，提高业务处理效率。三是创新发展模式。乡镇政府应关注乡村数字化发展的创新模式，在工作中敢于接受新事物，鼓励和支持各类数字产业发展，推动农业农村现代化。

三、村委会：组织者

村委会作为政府与村民之间的桥梁，在乡村数字治理过程中发挥组织与实施作用。具体表现在以下三个方面：一是贯彻落实政策。村委会负责将乡镇政府和基层党组织关于乡村数字治理的政策与规划落实到村级层面，确保各项措施在村内得到有效执行。二是参与项目实施。村委会积极参与乡村数字治理项目的实施，如数字基础设施建设、农业信息化服务等，确保项目能够切实满足村民需求。三是宣传普及数字治理知识。村委会负责对村民进行数字治理相关的宣传教育，普及互联网知识和技能，动员村民参与数字治理项目，增强村民数字治理的参与意识。

四、村民：主体建设者

作为乡村数字治理过程中的重要主体，村民具有双重角色，既是乡村数字治理的主要受益者，又是乡村数字治理的主体建设者。村民通过数字技术的运用，参与各种数字化服务和活动，参与到村庄的规划、管理和决策中来，成为推动乡村数字治理发展的重要力量。具体体现在以下两个方面。

第一，施展自觉能动性，积极配合建设的实施。首先，村民对乡村生活的需求和问题了如指掌，他们的反馈对于乡村数字治理政策的制定和调整具有重要参考价值，有助于政策更加贴近实际需求。其次，村民可积极参与乡村数字治理项目的实行和监督过程，及时反馈工作中出现的问题，并与其他主体互相交流、协作，建立良好的乡村数字治理合作环境。

第二，增强自身能力，发挥主体作用。村民在数字治理过程中，通过积极参与线上线下活动、使用数字化平台和服务，有机会提升自身数字素养，为乡村数字治理奠定自治氛围和浓厚的数字环境。

五、市场主体：推动者

乡村数字治理需要一定的资金支持和技术支持，市场主体在其中发挥了重要推动作用。一是提供技术支持和协助数字基础设施建设。例如，企业为乡村提供网络设备、服务器、传感器等技术设备，协助乡村建设宽带网络和无线覆盖，为数字化治理提供技术保障。二是收集和分析数据。例如，企业可以通过传感器、监测设备和物联网技术，获取农田、水源、气象等数据，并利用大数据分析和人工智能技术进行处理，提供农作物种植、灾害预警、资源管理等方面的决策支持。三是提供数字治理平台。例如，"为村"是腾讯公司面向中国乡村及社区推出的智慧乡村信息服务平台，利用"互联网+"模式助力为乡村数字治理插上翅膀。

六、社会组织：辅助者

农村社会组织主要指由村民组织起来的、执行一定社会功能、追求特定社会目标的社会群体，具有自愿性、互助性和非经济性特征，主要包括社会服务类、文化类、经济互助类和政治管理类等，是乡村数字治理中的重要参与力量，在乡村数字治理中起到了重要辅助作用。社会组织可以帮助政府部门和村"两委"更好地了解村民需求，提供专业建议，协助推动项目实施。例如，社会组织可以协助村委会开展互联网技术普及和培训活动，提高村民的数字素养；或者开展社会服务与民生关怀，利用数字化手段，为村民提供各类便捷、高效的社会服务。

∴ 第三节 多元主体协同参与乡村治理的机制创新

"多元主体协同形成的治理合力，是有效解决'撂荒地'问题、推进治理系统稳定与发展的核心逻辑。"[1] 因此，为实现乡村治理的现代化与高效化，机制创新成为人们探索与实践的关键路径。

---

[1] 梁紫环，林辉煌. 撂荒地治理：一种协同理论的解释——以广东省 Z 村为例 [J]. 农业经济问题，2024（7）：90.

一、政府职能角色定位的创新机制

在乡村治理的多元主体协同参与中,政府职能的角色定位无疑占据着举足轻重的地位。为了真正实现乡村的全面振兴,需要先对政府的治理理念进行深度的革新,使其能够适应新时代乡村振兴的迫切要求。这不仅是一个简单的口号和目标,还是一个需要从理念到实践全面转型的过程。

在新的时代背景下,政府更多地扮演服务者、学习者和责任者的角色。这意味着政府需要更加注重为公众提供服务,不断学习新的治理方法和理念,并承担起推动乡村振兴的重任。

为了确保这种转变能够顺利进行,需要建立一系列有效的机制。例如,构建一个政府与其他治理主体间的监督与协作机制。通过这个机制,政府可以与其他治理主体,如社会组织、企业、村民等,进行有效地沟通和协作,确保各自的事务能够在有序、高效的环境中顺利完成。这样不仅可以提高治理的效率,还可以增强各治理主体之间的信任和合作。

同时,还需要构建一种机制,使政府能够更加积极地服务社会组织。这包括制定一系列优惠政策,如提供资金支持、减免税收等,以鼓励和支持社会组织的发展。特别是对那些乡村治理急需的组织,如提供农业技术服务、农村教育支持、环境保护等服务的组织,政府更应该给予重点的培育和引导。

二、村"两委"职能作用的强化机制

在我国乡村治理体系中,村"两委"(即村党支部委员会和村民委员会)扮演着至关重要的角色。为了充分发挥村"两委"的职能作用,提升乡村治理效能,有必要从以下两个方面着手,构建一套行之有效的强化机制。

(一)依托基层党组织,拓展多元主体的参与深度与广度

第一,吸纳解决影响社会稳定的因素。村"两委"要充分发挥基层党组织的战斗堡垒作用,积极吸纳村民代表、村民小组长、党员等各方力量,共同参与乡村治理。通过搭建民主协商平台,让村民在涉及切身利益的重大事项上享有充分

的发言权，从而有效化解矛盾纠纷，维护社会稳定。

第二，整合与解决乡村各主体的诉求。村"两委"要倾听村民的声音，关注村民的需求，将村民的诉求纳入乡村治理的决策过程。通过加强与村民的沟通交流，村"两委"可以更好地整合各方资源，解决实际问题，提升乡村治理水平。

第三，发挥党建的引领作用。村"两委"要在基层党组织的领导下，坚定不移地贯彻落实党的路线方针政策，确保乡村治理的正确方向。通过加强党建工作，村"两委"可以提升自身的凝聚力和战斗力，为乡村治理提供有力保障。

（二）着重培养村干部队伍，优化村级管理队伍结构

第一，吸纳乡村精英、中青年等优秀人才。村"两委"要积极选拔有担当、有能力的乡村精英和中青年加入村干部队伍，为村级管理注入"新鲜血液"。这些"新鲜血液"具有较高的文化素质、较强的创新意识和良好的道德品质，有助于提升村"两委"的治理能力。

第二，培养返乡创业人员、转业退伍军人。村"两委"要关注返乡创业人员和转业退伍军人，为他们提供培训和锻炼的机会，使其成为村级管理的生力军。这些人员具有丰富的社会经验和较高的综合素质，可以为乡村治理带来新的理念和方法。

第三，优化村级管理队伍结构。村"两委"要注重优化队伍结构，合理配置人才，形成年龄、学历、专业等方面的互补格局。通过调整和优化队伍结构，村"两委"可以更好地发挥整体优势，提高乡村治理效能。

三、社会组织参与深度的拓展机制

社会组织作为乡村治理中的一股重要力量，其参与深度的拓展对提升乡村治理效能具有不可忽视的作用。为了实现这一目标，需要从制度环境和专业化建设两个方面入手，构建一套完善的社会组织参与机制。

在制度环境方面，完善农村社会组织发展、运行等方面的法律法规。通过明确社会组织的性质、职责、权利与义务，为其在乡村治理中的合法地位提供有力保障。同时，还需要丰富社会组织的参与路径，打破传统参与方式的局限，利用

网络平台等现代科技手段，提高社会组织的参与效率，使其能够更加便捷地参与到乡村治理中来。

除了制度环境的优化，还需要加强社会组织的专业化建设。积极吸纳村民中的优秀人才，发挥他们在乡村治理中的积极作用。通过全面了解村民的需求和期望，社会组织能够更好地定位自己的服务方向，提供更加精准、有效的服务。同时，还需要激发村民的治理活力，鼓励他们积极参与到社会组织的活动中来，共同为乡村的繁荣与发展贡献力量。

为实现社会组织的专业化建设，借助外部资源的支持。例如，与高校、研究机构等建立合作关系，引入专业的培训和教育资源，提升社会组织成员的专业素养和治理能力。此外，还可以通过举办交流会、研讨会等活动，促进社会组织之间的经验分享与合作，共同推动乡村治理的创新与发展。

四、农民参与乡村治理热情的增强机制

第一，明确农民在乡村治理中的主体地位，引导其深入参与乡村问题的决策。①强化农民的主人翁意识。通过政策宣传和教育培训，让农民认识到自己在乡村治理中的重要作用，明确他们作为乡村主人的权利和义务，从而激发他们参与乡村治理的积极性。②搭建农民参与决策的平台。村"两委"应当建立健全农民参与决策的机制，通过村民会议、村民代表会议等形式，让农民在涉及自身利益的重大事项上有发言权和表决权，确保农民能够真正参与到乡村治理的决策过程中。

第二，加大宣传引导力度，利用多种媒体形式广泛宣传乡贤建设家乡的成果案例。①创新宣传手段。利用广播、电视、网络、社交媒体等多种渠道，广泛宣传乡村治理的先进经验和典型事迹，提高农民对乡村治理的认知度和认同感。②宣传乡贤文化。通过讲述乡贤故事，展示乡贤在乡村治理中的积极作用，引导农民学习乡贤精神，激发他们参与乡村治理的热情。

第三，通过评选、奖励和表彰优秀个人或团体等方式，增强乡贤的荣誉感和内在动力。①设立评选机制。定期开展优秀乡贤、优秀村干部等评选活动，对在

乡村治理中做出突出贡献的个人和团体给予表彰。②实施奖励政策。对获奖的个人和团体给予物质和精神上的奖励，以此激励更多农民参与到乡村治理中来。

第四，鼓励乡贤参与村"两委"选举，吸纳具有才能的乡贤进入村干部队伍。①优化选举制度。简化选举程序，降低参选门槛，鼓励更多有志于乡村治理的乡贤参选。②建立激励机制。对当选的乡贤给予政策支持和工作上的便利，让他们能够更好地发挥自己的才能，为乡村治理贡献力量。

五、乡村多元治理运行机制的健全

在乡村多元治理的实践中，整合多方主体力量并发挥各自的功能优势是至关重要的。为了确保多元主体之间的利益得到有效协调，必须构建完善的运行机制。这一机制的建立可从以下五个方面着手。

第一，构建利益协调机制。通过建立平等、公开的沟通平台，收集不同主体的利益诉求和政策建议，协调个体利益与公共利益，实现各方利益的平衡。同时，从制度、政策等角度赋予广大村民监督、制约村庄权力结构的责任与权利，确保权力的透明运行。

第二，构建平等合作机制。明确各方主体的乡村治理职责，确立多元主体的协同关系，保证各方主体在所负责领域内行使权利。通过协商乡村治理事项、统一行动目标、最优配置资源与能力等方式，实现各方主体的有效合作。

第三，强化信息共享机制。建立高效的信息共享平台，确保各方主体能够及时获取所需的信息，提高决策的科学性和准确性。同时，加强对信息技术的应用，提升乡村治理的现代化水平。

第四，完善激励约束机制。通过制定合理的激励政策，鼓励各方主体积极参与乡村治理，发挥其优势。同时，建立健全的约束机制，对不履行职责或滥用职权的行为进行有效制约。

第五，加强法律保障机制。完善相关法律法规，为乡村多元治理提供坚实的法律基础。加大对违法行为的惩处力度，维护乡村治理的法治秩序。

第四节 多元主体协同参与乡村数字治理的思考

一、提高多元主体数字参与能力

（一）提高基层干部数字治理能力

基层干部是加强和创新乡村数字治理最基础的力量。推动乡村数字治理向纵深发展，必然要求干部队伍具备高水平的数字素养。

第一，强化基层干部数字治理意识。转变基层干部传统思维观念，将数字赋能、大数据思维等理念深度融入乡村治理中。

第二，重视乡村数字内生人才培育。通过搭建线上线下学习交流平台，定期组织数字技能培训和教育活动，特别针对年轻的乡村干部和网格员，提高他们在数字环境中的工作能力，打造一批专业知识扎实的数字化人才队伍。

第三，优化数字人才选备和培养机制。实施人才引进政策，选拔具备高数字素养的干部担任关键岗位，同时实施定期的数字素养考核，将数字素养作为选拔、晋升和奖励的重要考核指标。

第四，营造良好的数字人才发展环境，为外部人才的嵌入创造有利条件。优化政策措施，提供税收优惠和金融支持，以吸纳乡村精英返乡创业、投入村庄建设发展，推动乡村数字治理内源式发展。

（二）突出村民治理主体地位

村民是乡村数字治理的"主力军"。其主体性力量的发挥，是探索多元主体参与乡村治理的关键问题，关乎乡村数字治理的成败。为此，要加快培育数字村民，提升农民参与乡村数字治理的意愿、能力和权利，重塑村民主体性。

第一，数字下沉，为村民"技术赋能"。加强村民数字知识和数字技能的普及和培训，提高村民的数字素养。通过广播、电视、报纸等媒介，普及村民数字知识，同时将数字技能培训纳入村民培训工作，培育一批具备互联网思维和信息化应用能力的数字村民。

第二，渠道下沉，为村民"技术赋权"。借鉴北京"晓村务"、浙江衢州"龙游通"、象山县"村民说事"等成功的互动平台案例，探索构建以党建引导为核心，以微信等移动互联网应用为支撑的村民互动交流平台，拓宽村民参与乡村数字治理的渠道和途径，实现村民与村干部的有效互动。

第三，动力下沉，着眼农村的内部驱动力，以村民的情感为突破口，采用情感化的治理模式来激励农民积极参与。重视村民思维的特点，乡村数字治理应当注重融入村民的日常生活和实际利益之中，切实提升村民对乡村数字治理的感知度和认同感。

第四，服务下沉，推进契合村民需求的数字治理。一方面，充分发挥乡村数字治理平台的信息采集功能，通过数据分析及时获取村民动态化的需求，做到重心下移、服务下沉。另一方面，及时发现并解决乡村数字治理过程中出现的信息技能要求与村民自身素质不匹配的问题，建立和乡村人口结构相契合的乡村数字治理平台。

第五，注重对老年人的数字关怀，弥合老年人"数字鸿沟"。如在数字产品研发中开发长辈模式、美好模式功能，对老年人继续保留线下服务渠道，改善人机界面设计，帮助老年人避免由于信息处理能力减弱而导致的认知超载，提升老年人在数字信息化发展中的获得感、幸福感和安全感。

（三）拓宽社会组织数字参与维度

社会组织是乡村数字治理的有益补充。加快社会组织融入数字治理，可从以下四个方面着手。

第一，加强社会组织内部建设。建立健全的组织架构和管理制度，提高组织的凝聚力和执行力。

第二，加大政府对社会组织的扶持力度。通过设立专项资金和制定优惠政策，激励社会组织积极参与乡村数字治理。

第三，提高社会组织在社会中的认可度，引导社会组织进入乡村数字治理领域。

第四，拓宽社会组织参与的领域和方式，推动社会组织融入数字治理。除了提供数字化公共服务，社会组织还可以通过开展调研、宣传推广、社区参与等方式参与乡村数字治理。例如，组织开展乡村数字化需求调研，收集村民的意见和建议；通过宣传推广活动，提高村民对数字乡村建设的认知和参与意愿；促进社区村民参与数字化平台的建设和管理，推动数字化治理的普及。

二、凝聚多元主体数字治理合力

（一）协调多元主体间利益

利益是推动多元主体协同治理的根本动力，凝聚多元主体数字治理合力，必须综合考虑、协调不同主体的利益。

第一，完善利益表达和对话机制。数字技术的嵌入导致传统的面对面参与和沟通机制的弱化。充分运用微信、微博等新兴媒体，建立有效的沟通渠道，让不同主体能够自由表达观点和利益诉求，鼓励各主体之间进行民主协商，寻求共识和解决方案。

第二，通过构建多元主体间价值共识，引导多元主体形成共同利益。乡村数字治理要以村庄利益最大化为合作共治的根本价值导向。在此基础上，明确多元主体的行动目标，让各主体认识到彼此的相互依赖性和互补性，使各方愿意在一定程度上做出妥协和让步，形成利益的"最大公约数"。

（二）加强多元主体间信任建设

信任直接影响着多元主体在乡村数字治理中的合作程度。探索有效的信任建设路径，在一定程度上可以提升乡村数字治理效能。

第一，以党建引领乡村数字治理。党的领导为多元主体协同推进乡村数字治理提供重要组织保障，为信任建设提供核心动力。增强党组织政治功能和组织功能，注重发挥基层党组织的引领作用，有效吸引多元主体力量参与到乡村数字治理之中。

第二，加强政府在乡村数字治理中的公信力，推动政府向服务型数字政府转变，以实实在在的服务效能赢得村民的认可。

第三，培塑公民精神，强化人们对公民身份的心理认同。例如，通过开展富有传统文化内涵的主题实践活动，营造公共参与空间，增强公民的公共参与意识和参与能力。

三、完善相关数字治理制度建设

（一）厘清多元主体权责边界

明确治理主体间权责关系，是促成多元主体协同共治的前提条件。为此，要厘清多元主体间权责边界，为多元主体协同参与乡村数字治理创造良好的环境。

第一，明确职责分工。对村委会和乡镇政府、村委会和村党支部在乡村数字治理过程中的职能定位、任务、治理权限和治理方式以及合作空间与合作方式进行明确规定，确保各主体在乡村数字治理过程中各司其职，不缺位、越位、错位。

第二，理顺主体间关系。坚持基层党组织在乡村数字治理中的领导核心作用，引领共建方向；发挥乡镇政府在数字基础设施建设和政务服务平台搭建方面的主导作用；赋予村级组织数字治理自主权，防止行政权力过多干预乡村自治；激发市场主体参与乡村公共服务平台、智慧社区建设等的积极性和创造性；发挥社会组织等在乡村数字治理中的独特作用；增强村民的权利意识和参与意识，使其自觉参与各类数字平台建设，发挥主体性作用。

（二）完善数字治理成果评估机制

多元主体协同参与下所形成的乡村数字治理成果既是多元主体集体行动的生动表现，也是多元主体对行政权力进行约束的有力工具。因此，应当通过构建参与平台、积极倾听并充分吸纳民意、不断优化和完善评估程序等多种途径，来健全治理成果的评估机制。

第一，动员多元力量参与评估过程。通过开展问卷调查、举办公众听证会等方式，收集民众意见，并及时归纳、汇总，使民众真正参与到乡村数字治理成果评估过程中。

第二，优化乡村数字治理考核内容体系。将政府服务效率、民众满意度、公众参与度等作为考核评价的核心要素，使民众真正掌握乡村数字治理的评判权。

第三，探索乡村数字治理新型考核方式。借助高校、评估机构等第三方专业力量和地区间交叉考核力量，提升考核评估的科学性与公信力。

四、强化数字治理技术有效供给

（一）完善乡村数字基础设施

推动多元主体协同参与乡村数字治理，加强数字基础设施建设必不可少。

第一，强化乡村数字治理经费保障。一方面，加大政府相关专项资金对乡村数字基础设施建设的支持力度和加强资金的使用效率；另一方面，活化社会资本，激发社会资本投资乡村数字领域重大项目的活力，建立多元化的协同参与运营机制。

第二，推动农村交通、水利工程、农业生产加工、农村电力、农村资源等领域向数字化、智能化方向转型。

第三，推动农村宽带网络、数字电视网络新型基础设施的数字化建设和服务终端数字化改造。加快推进落后偏远地区乡村 4G 网络的全覆盖，逐步实现 5G 网络在乡村的普及，提升乡村数字化网络设施水平。

第四，建立乡村数字化服务的优惠机制。例如，在乡村设立免费或低价联网的公共服务场所，提供教育培训、养老医疗等方面讯息。

（二）打通数据共享平台梗阻

多元主体协同参与乡村数字治理效能的提升须以治理技术优化为支撑。优化治理技术，需要从以下三个方面着手。

第一，统一治理信息流通标准。制定统一的信息流通标准，包括数据格式、接口规范、安全性要求等方面，确保不同系统和平台之间的互操作性。

第二，搭建统一开放的乡村数字治理平台，整合和连接不同层级和不同系统中的数字信息资源，解决"数据壁垒"和"信息孤岛"问题，真正实现多元主体平等参与，协同共治。

第三，推行数字"一张表"改革，将以往分散的数据统一建库管理，汇聚公安、人社、民政、农业农村、司法等多部门系统数据，保障数据的互通共享，打通部门间数据梗阻。

第七章 乡村治理中的生态文明建设研究

第一节 乡村生态文明建设的理论阐释

生态文明是指人类遵循人与自然和社会和谐发展这一客观规律而取得的物质与精神成果的总和；是指以人与自然、人与人、人与社会和谐共生、良性循环、全面发展、持续繁荣为基本宗旨的文化伦理形态。它强调尊重和保护自然，建立可持续的生产方式和消费方式，引导人们走上持续、和谐的发展道路。生态文明是人类文明形态和文明发展理念、道路和模式的重大进步，是人类对传统文明形态特别是工业文明进行深刻反思的成果。

一、我国生态文明建设的优势与机遇

（一）生态文明建设的优势

1. 政治优势

生态文明作为一种社会文明的新形态，已经占据了人类文明系统的基础地位，并且与其他不同的文明形态相互融合、相互渗透。中国共产党全心全意为人民服务，代表广大人民群众的根本利益。中国共产党具有突出的政治主旨优势和政治动员优势，将人民群众的根本利益放在首位，关注民生问题，重视社会稳定，建设良好的社会环境，从而使我国人民生活得更加健康和富足。这是中国共产党的长期追求，也是社会主义生态文明建设的要求。因此，中国共产党十分在意人民的生活品质，将生态文明建设作为长期的目标，这也是中国共产党的政治优势。

2. 经济优势

我国在经济实力方面具有显著的优势，这为推进生态文明建设提供了坚实的

物质基础。得益于强大的经济实力，我国能够投入巨额资金用于环境保护、生态修复以及绿色产业的发展，从而推动生态文明建设的深入进行。科技实力的提升也为环境治理和生态保护提供了强有力的技术支持。例如，通过运用先进的污染治理技术、生态修复技术和绿色能源技术，我国能够有效地解决生态环境问题，推动经济社会的可持续发展。

随着我国经济从高速增长阶段转向高质量发展阶段，产业结构也在不断优化和升级。绿色产业、循环经济等新兴产业的快速发展，不仅促进了经济增长方式的转变，也为生态文明建设注入了新的动力。这些新兴产业以低能耗、低排放、高效益为特点，有助于实现经济发展与生态环境保护的良性循环。

市场需求潜力巨大，随着人民生活水平的提高和环保意识的增强，市场对绿色产品和环保服务的需求日益增长。这种需求变化为绿色产业的发展提供了广阔的市场空间。同时，政府也通过政策引导和市场机制创新，积极培育绿色消费市场，推动形成绿色生活方式和绿色发展模式。

在国际合作方面，我国作为负责任的大国，积极参与全球环境治理和生态文明建设的国际合作。通过与国际社会共同应对气候变化、生物多样性保护等全球性挑战，我国不仅提升了自身的生态文明建设水平，也为全球生态文明建设做出了重要贡献。这种国际合作优势有助于我国借鉴国际先进经验和技术成果，推动生态文明建设的创新发展。

3. 制度优势

我国的经济制度是社会主义公有制，但是社会生产并不仅仅是为了满足人民的物质需要，在人民生活水平不断提升的今天，人民对精神生活的需求更加强烈。这就要求我国在建设生态文明社会的时候，一定要将人民的物质和精神需要全部考虑进来，从而增强人民生活的幸福感。我国实行公有制为主体、多种所有制经济共同发展的基本经济制度，在国家对生态文明建设重视起来之后，就为生态文明建设提供了制度优势。①

---

① 胡长生，王雄青. 论我国生态文明建设的政治制度优势 [J]. 中国井冈山干部学院学报，2012 (11)：122-127.

建设生态文明，实现人与自然的和谐进化、协同发展，必须在根本上构建以社会生态化为价值取向的社会制度，实现"人的尺度"与"自然界的尺度"的有机统一。社会主义社会的本质是解放生产力，实现共同富裕。只有先进的社会制度，才可以使更多的人过上幸福的生活，才能社会稳定和谐，人民幸福安康。当人与社会之间变得和谐之后，可以转化为人与自然的和谐，人们具有更高的环境保护意识，从而尊重自然，理解自然，保护自然，这也是生态文明建设的基本要求。因此，只有在先进的社会制度的保障下，人们才能获得长久稳定的发展，这是政治制度优势的体现。

生态文明建设指的是在一定的限度下发展经济、政治、社会和文化，从而获得可持续性的稳定发展。因此，我国高度重视生态文明建设，国家从顶层设计方面制定了生态文明建设的目标和策略，并且确定了我国发展的方向。当国家对社会和经济的发展做出明确的指导之后，我国在生态文明建设方面就有了一定的制度前提，这无不体现我国生态文明建设的制度优势。

4. 文化优势

中国人自古就有亲近自然、追求人与自然和谐共生的文化传统和朴素的生态文明思想意识。早在2000多年前，庄子就提出了"天人合一"思想。"天人合一"思想的核心是倡导人与大自然和平共处，包含对人类中心主义的深刻批判，与当今生态文明倡导的人与自然和谐相处的思想十分契合。阅读古代田园诗人陶渊明、王维等人的诗作，可以欣赏到中国古代山水田园的优美画卷，能够体会到"天人合一"的思想和"知者乐水，仁者乐山"的睿智。我国古人亲近自然、爱护环境、追求"天人合一"的朴素的生态文明思想积淀，奠定了我国生态文明建设的文化基础。

5. 前期成果基础优势

开启生态文明建设新征程以来，我国生态环境质量有所提高，生态保护和生态建设取得显著成效，环境风险防控稳步推进，生态环境法治建设不断完善。

我国在保护生态环境方面做出很多努力，如退耕还林还草、退牧还草、湿地修复、沙漠化治理、水土流失治理等，这些都是我国在生态保护方面做出的实践。我国还在法律方面提供了一定的支持，例如，我国制定了《中华人民共和国环境保护法》《中华人民共和国大气污染防治法》等法律，并且我国一直在不断填补环境方面的法律漏洞，从而不断完善我国的环境法律体系。

总之，我国十分重视建设生态文明社会，并在实际行动中做出很多贡献，这也为我国的生态文明建设提供一定的经验。

（二）生态文明建设的机遇

第一，全球关注生态环境问题。随着世界工业文明的发展，生态环境遭到严重的污染和破坏，人口剧增、温室效应、大气污染、海洋生态恶化、陆地沙化、水资源污染、酸雨、森林锐减、物种灭绝、地震、海啸等严重的环境问题给各国经济带来巨大损失，生态环境问题已引起全世界的普遍关注。现在，世界各国普遍把生态环境建设纳入政治范畴，从国家战略高度致力本国生态环境建设。与此同时，国际上也相继组建了世界性的环保联盟、绿色经济联盟。生态环境的全球关注和国际绿色低碳循环发展潮流，为生态文明建设提供了世界性舞台和广阔发展的空间。

第二，解决生态环境突出问题的"窗口期"历史机遇。在建设美丽中国的生态文明新时代，我国在不断发展的过程中，也暴露了一些问题，主要存在于生存需求与不均衡的矛盾中。到21世纪中期，我国需要建设成为现代化国家，从政治、经济、制度、社会、生态等方面实现大幅度的改变，人们开始实行绿色消费，人们的环境保护意识进一步加强，并且可以做到与自然环境和谐相处，充分实现生态文明建设的目标。目前，我国正处于转型的发展阶段，这为我国的生态文明建设提供很多的机遇。

二、乡村生态文明建设的基本原则

乡村生态文明建设包括很多方面，不仅包括经济方面，也包括资源方面。乡村生态文明建设最主要是为了改善人们的生存环境，从而使人的生存和发展具有一个良好的环境。所以，我国乡村生态文明建设一定要秉持一些原则，只有如此，才能将生态文明建设好。

（一）秉持公平性原则

第一，代内的横向公平。生态文明建设主要是为了使人民生活幸福安康。由于不同地区的人民的生活水平存在很大的差异，有的地区的人民生活十分富足，但有的地区的人民生活得比较窘迫，这是经济发展的不平衡造成的。例如，城市和农村之间就有巨大的差异，城市具有较多的发展机会，而农村的资源匮乏，发展机会较少。因此，经济发展的不平衡造成了文化的差异、阶层的差异。为了给世界人民公平的生存、发展权利，改善生态环境就是一个亟待解决的问题。

第二，代际间的纵向公平。社会在一代又一代的人的努力下不断发展，由于地球上的资源是有限的，过去的人拥有的资源与现代以及未来人们拥有的资源都是地球的资源，如果人们不爱护环境、保护环境，最后只能使地球环境遭到破坏，使人的生存环境变得越来越恶劣，人们可以使用的资源越来越少。对于当代人来说，既享有前代人遗留下来的资源，还对后代人的资源有一定的保留责任，同时还要充分使用当代人具有的权利。人类在地球上生存和发展，最终都是消耗地球上的资源，很多自然资源是不可再生的，一旦这些资源消耗完，人类就无法再向前发展。为了人类的长久发展，不能以牺牲后代人的利益的做法来谋求发展。人类对自然环境的破坏，不仅对当代人产生了不好的影响，而且也会对后代人产生不良影响。因此，在人类发展的过程中，人们应该始终将保护生态环境放在重要位置。

第三，公平分配有限资源。对于不同国家和地区来说，享有的资源是不等量的，有的国家拥有较多的资源，有的国家则资源匮乏。通常，每个国家和地区都对资源的控制十分严格，并且各个国家和地区之间对资源的竞争是十分激烈的，各个国家和地区都应该合理分配资源，并且保证资源的合理利用，保护本国的生态环境。

第四，人与自然之间的公平。人与自然的关系必须在可持续发展的要求下不断向前发展，为了保证人与自然之间的长久发展，人类一定要坚持二者之间的和谐共处，人类从自然中取用资源，也应该保护好自然环境，从而使生态系统维持稳定，同时人类还能获得一定的发展，二者之间相互作用，共同促进。人类与自然的和谐，也是对整个生态圈和全体人类而言的。

（二）秉持可持续性原则

可持续性指的是在生态系统受到外界的破坏时可以自我恢复并保持其生产力的能力。对于资源和环境来说，人类不断获取资源，对环境造成破坏，但是如果不消耗资源，人类就无法获得发展。因此，在资源与环境之间存在一种矛盾。为了使人类更好地发展，人类一定要遵循自然规律，在不破坏自然环境的基础上谋求发展。这也是可持续发展的要求。对于人类来说，只有在可持续发展的基础上发展经济，人类才能长久地生存在地球上，否则一旦地球遭到破坏，引发生存环境危机，人类将无法在地球上生存了。只有保护自然环境，节约资源，与自然和谐共处，才能实现人类的长期发展。可持续性不仅对自然经济有要求，而且要求人类在发展经济的同时，一定要能够做好质量和效益的双重保障。人类在生产消费的时候，也应该注意做到可持续性消费和循环性消费。人类在发展经济的同时，一定要保护好自然环境，只有创建环境友好型社会，才能使人类与自然环境和谐共处，从而获得可持续性发展。因此，这就要求人类必须保护生态环境，使地球上存在的生物和环境能够长期共生下去，以此来增强地球的承载力。

可持续发展对人类提出了更高的要求，人类在自我发展过程中，除了爱护自然环境之外，还应该对已经被破坏的自然环境进行治理，将被破坏的自然环境恢复到正常水平，从而不断优化人类生存的环境。因此，为了贯彻落实可持续发展的原则，人类需要在利用自然资源的时候，保证不对自然环境造成不可逆转的伤害，从而使环境可以自我修复，真正实现人类与自然的和谐发展。另外，人类在利用自然资源时，一定要充分考虑资源的利用率，为了提高自然资源的利用率，人类可以研发一些提高资源利用率的产品，增加资源的产出率。

（三）秉持共同性原则

地球是人类共同生活的家园，当发生环境污染问题时，任何国家和地区都无法置身事外，这是人类所面临的共同的问题。由于各国的历史和文化不同，建设的生态环境目标也是不同的，这就导致各国在建设生态文明社会时的步调不一致，使用的策略和方法也不相同，最后的建设效果也存在很大差异。但是，人类命运是共通的，只有全人类都将生态环境重视起来，才能在以后的发展中获得更多的有利之处。全球各国人民都应该遵循可持续发展的原则，将环境保护作为发展经济的重要目标，只有如此，才能在全球范围内实现环境的可持续发展，为人类的生存带来更多好处。

生态文明建设并不是某一个国家和地区的目标，而是对所有国家和地区而言的。只有世界各国都能够树立良好的环境保护目标，才能使世界各国人民联合起来，共同治理环境污染，使环境变得更加适合人类生存。从本质上来说，世界各国人民的命运是相连的，只有每一个生存在地球上的人都能够将环境保护作为自己的责任，才能维护好地区环境，使人类可持续发展下去。

三、我国生态文明建设发展取得的成就

（一）政府的成果

第一，政策引领与制度建设。将生态文明建设纳入国家发展总体布局，出台了一系列政策文件和法律法规，如《关于加快推进生态文明建设的意见》《生态文明体制改革总体方案》等，构建了生态文明建设的制度体系。推动生态文明载入了党章和宪法，制定修订了《中华人民共和国环境保护法》及30余部生态环境法律法规，为生态文明建设提供了坚实的法律保障。

第二，生态保护与修复。实施大规模植树造林工程，森林覆盖率显著提升，森林面积和森林蓄积量连续增长；加强重要生态系统保护和修复，推进水土流失、荒漠化综合防治，生物多样性得到有效保护；推动长江经济带发展，坚持"共抓大保护、不搞大开发"，长江干流水质向好，生态环境逐步恢复。

第三，绿色发展转型。推动经济社会发展全面绿色转型，加快传统产业绿色低碳转型，培育绿色产业，提升能源利用效率；加大可再生能源发展力度，风电、光伏发电等清洁能源装机规模全球领先，新能源产业链完整且竞争力强。

（二）地区的成果

各地根据自身特点，积极探索生态文明建设路径，涌现出一批生态文明建设

的先进地区和典型模式。如生态文明建设示范区是积极践行"绿水青山就是金山银山"理念，协同推进高质量发展与高水平保护，探索出具有本地特色的生态文明建设模式，积累了宝贵的实践经验。下面仅对第六批生态文明建设示范区的黑龙江省丰林县与福建省厦门市的成果进行简述。

1. 黑龙江省丰林县

2022年，黑龙江省丰林县被生态环境部命名为生态文明建设示范区。丰林县位于林都、红松故乡伊春市北部，小兴安岭腹地，汤旺河上游，地处大小兴安岭生态功能区，是东北地区重要的生态安全屏障，境内资源丰饶，生态本底优良。丰林县牢固树立"绿水青山就是金山银山"理念，坚决贯彻党中央、国务院关于生态文明建设的重大决策部署，高标准成立生态文明建设领导小组，突出生态文明绩效考核，有力保障生态文明建设。

全力打好污染防治攻坚战，加强环境风险防范，坚决向一切破坏生态环境行为亮剑，保障区域生态安全，全县环境质量状况优良，总体上达到了天蓝地绿、山清水秀、宁静整洁的生态环境，成功获评"中国天然氧吧"称号。加快建设以产业生态化与生态产业化为核心的生态经济体系，生态旅游业稳步复苏，特色产业提档升级，北药产业健康发展，逐步形成多点支撑、多业并举的产业格局。科学规划统筹城乡建设一体化，城乡人居环境不断改善，城区、乡村绿化覆盖率稳步提升。不断深化以生态价值观念为准则的生态文化体系建设，大力倡导绿色、环保、低碳的生产生活方式，使生态文化融入百姓生活中。通过积极打造生态、产业、德善、法治、智慧、幸福新丰林，努力走出了一条绿色高质量转型发展之路。

2. 福建省厦门市

厦门由厦门本岛、离岛鼓浪屿、西岸海沧半岛、北岸集美半岛、东岸翔安半岛、大小嶝岛、内陆同安、九龙江等组成，是现代化国际性港口风景旅游城市。厦门历届市委、市政府高度重视生态文明建设，把生态文明建设融入"五位一体"建设①全过程。建立健全绿色低碳循环经济体系，坚持陆海统筹、港湾联

---

① "五位一体"建设是指经济建设、政治建设、文化建设、社会建设和生态文明建设。

动，协同推进经济高质量发展和生态环境高水平保护。坚持精准治污、科学治污、依法治污。

坚持系统观念，从生态系统整体性出发，推进山水林田湖草沙一体化保护和修复。在全国率先实现"三线一单"① 成果落地应用，环评管理"五个一"② 典型经验全国推广。筼筜湖综合治理、海上环卫机制、五缘湾生态修复、多规合一和垃圾分类等五项改革入选国家生态文明试验区改革措施和经验做法推广清单，东坪山片区近零碳排放区示范工程入选生态环境部绿色低碳典型案例。

（三）市场的成果

绿色产业发展方面，我国取得了显著成就。绿色能源、环保科技、生态农业等绿色产业如雨后春笋般蓬勃发展，不仅为经济增长注入了新的活力，也成为推动经济转型升级的重要力量。特别是在新能源汽车、光伏组件、风电装备等领域，我国的产量和出口量均位居全球前列，展现出了强大的市场竞争力。这些绿色产业的发展，不仅带动相关产业链的兴起，也为我国在全球绿色经济格局中占据有利地位奠定了坚实基础。

在市场机制创新方面，我国同样取得了重要突破。通过建立和完善碳排放权交易市场，成功地将市场机制引入碳减排领域，通过市场的力量促进碳排放的减少和资源的优化配置。这一创新举措不仅提高了碳减排的效率，也为全球应对气候变化提供了有益的借鉴。同时，积极推动绿色金融的发展，为绿色项目提供融资支持，降低了绿色投资的风险，进一步激发了市场参与绿色发展的积极性。

（四）社会的成果

在生态文明理念普及方面，我国取得了显著成效。生态文明理念已经深入人心，社会各界对生态文明建设的认识和支持度不断提高。学校、社区、媒体等各方力量积极参与生态文明教育宣传活动，通过各种形式提升公众的环保意识和参与度，形成了全社会共同关注、共同参与生态文明建设的良好氛围。

---

①"三线一单"，即生态保护红线、环境质量底线、资源利用上线和生态环境准入清单。
②"五个一"，即一次告知、一表申请、一窗办理、一网通办、一体管理。

在绿色生活方式推广方面，取得了积极进展。通过倡导绿色出行、节能减排、垃圾分类等绿色生活方式，公众的环保意识和行动力得到显著提升，践行绿色生活的自觉性不断增强。同时，绿色消费也成为新的风尚，越来越多的消费者开始青睐绿色产品和服务，这为绿色产业的持续发展提供了广阔的市场空间。

第二节 乡村污染防治与绿色发展

一、乡村污染防治的原理与任务

乡村污染防治作为环境保护的重要组成部分，旨在减少和消除乡村地区的环境污染，保护和改善乡村生态环境。其原理基于环境污染控制与生态修复的科学理论，通过综合运用物理、化学、生物等多种技术手段，对乡村地区的污染源进行有效治理，同时恢复和提升乡村生态系统的自我净化能力。

乡村污染防治的任务主要包括：首先，对乡村地区的污染源进行全面调查与评估，明确污染物的种类、来源、排放量及对环境的影响程度；其次，根据污染源的特点和乡村环境的承载能力，制定科学合理的污染防治规划，明确治理目标、任务和措施；再次，通过实施一系列污染防治工程和技术手段，如污水处理、垃圾处理、农业面源污染治理等，有效减少污染物的排放，控制和减轻环境污染；最后，加强乡村环境监管和能力建设，建立健全乡村环境保护长效机制，确保污染防治工作的持续有效进行。

在乡村污染防治过程中，需要特别关注农业面源污染问题。农业面源污染是指农业生产活动中，农药、化肥、农膜等农业投入品以及畜禽养殖废弃物等通过径流、渗漏等方式进入环境，引起的水体、土壤和空气污染。由于农业面源污染具有分散性、隐蔽性、随机性等特点，其治理难度较大。因此，需要采取综合措施，如推广科学施肥技术、发展生态农业、加强畜禽养殖废弃物资源化利用等，以减少农业面源污染物的产生和排放。

二、绿色发展的丰富内涵

绿色发展作为一种新型发展模式和理念，强调在经济发展过程中注重环境保护和生态平衡，实现经济、社会和环境的协调发展。其核心在于通过转变经济发展方式，优化产业结构，提高资源利用效率，减少环境污染和生态破坏，推动经济社会可持续发展。

绿色发展的内涵丰富多样，包括循环经济、低碳经济、生态经济等多个方面。循环经济强调资源的循环利用和废弃物的资源化，通过构建"资源—产品—再生资源"的循环产业链，实现资源的最大化利用和环境污染的最小化。低碳经济则侧重于减少温室气体排放，通过发展清洁能源、提高能效、推广低碳技术等手段，降低经济活动对气候系统的影响。生态经济则更注重生态系统的整体性和稳定性，强调在经济发展中保护和恢复生态系统服务功能，实现经济与生态的双赢。

在乡村地区，绿色发展具有特别重要的意义。乡村是生态系统的重要组成部分，也是生态产品和生态服务的重要供给者，乡村绿色发展包括推广绿色农业技术、发展乡村生态旅游、加强乡村生态修复与保护等多个方面。

三、乡村污染防治与绿色发展的联系

乡村污染防治与绿色发展之间存在着紧密的联系和相互促进的关系。一方面，乡村污染防治是绿色发展的重要内容和基础保障。只有通过有效的污染防治措施，减少和消除乡村地区的环境污染，才能为绿色发展创造良好的生态环境条件。另一方面，绿色发展又为乡村污染防治提供了新的思路和手段。通过推动经济发展方式的转变和产业结构的优化升级，可以减少污染物的产生和排放，降低环境治理成本，提高污染防治的效率和效果。

具体而言，乡村污染防治与绿色发展的联系体现在以下三个方面：首先，在目标上，两者都致力保护和改善乡村生态环境，提高乡村居民的生活质量，推动乡村经济的可持续发展；其次，在手段上，乡村污染防治注重运用物理、化学、生物等多种技术手段对污染源进行治理，而绿色发展则强调通过转变经济发展方式和优化产业结构来减少污染物的产生和排放；最后，在效果上，乡村污染防治可以直接减少污染物的排放量、减轻环境污染程度，而绿色发展则可以在更广泛的层面上推动乡村经济社会的全面转型和升级。

四、乡村污染防治与绿色发展的实践案例

（一）茂名市七迳镇农村水污染防治的绿色发展

1. 那艮村水污染防治存在的问题及原因分析

（1）污水处理设施不足。茂名市电白区七迳镇那艮村等区域，仅 2 个村完成排污管网建设，其余村污水设施未完善，污水直排对环境影响大。污水主要来自家庭厨房和盥洗室，含氮磷元素，并且无污水处理厂和农业节水体系，政府投资不足，无专业人员管理。

（2）农药、化肥、养殖污染水资源。那艮村灌溉水来源于沟渠和井水，农药化肥利用率低，残留于土壤，污染地表径流和地下水。畜禽粪便无序排放，也污染环境。

（3）废弃垃圾填埋场污染。那艮村垃圾处理设施不完善，垃圾随意堆放填埋，造成环境污染和水体污染。

（4）垃圾管理有待加强。那艮村无垃圾桶，部分村民乱丢垃圾，需加强垃圾分类和控制产出。

2. 以那艮村水污染防治助力乡村振兴的对策

（1）以水污染防治提高乡村基层组织能力。

第一，做好基层干部及群众环保教育。基层干部工作直面基层群众，与群众联系最为紧密，身负向村民传达上级精神和宣传教育的重任，他们的环保意识的强弱也决定了环境污染治理工作能否顺利开展。因此，经常性组织村镇基层干部对先进新农村进行实地学习，增强其环保意识，借鉴新农村水污染防治举措，结合本村实情，全面了解水环境污染现状及特点，指导其运用科学绿色的发展观开展治理工作，增强解决水环境污染问题的能力。同时也召集乡亲群众，以通俗易懂的方式宣讲给村民，给村民讲关于环保的知识及环保的法律法规，从每个村民

做起，增强自身环保意识，建立合理的监督管理机制，为有效提高乡村水质营造良好的氛围。

第二，约束村民行为，提升村民参与度。加强环境教育的力度，让所有人有着强烈的环保意识和环境责任感，让农村居民认识到，他们是环保工作的重要参与者，是环保工作的真正受益者。利用一些高校的教育资源，组织专业教师及其学生到农村，开展农村水环境环保讲座，同村民一起共同学习探讨环境保护的方法和重要性，加深村民对水环境污染的认识，增强村民的环保意识。编写一些与农村生活息息相关、简单易懂的环境保护宣传册、生动形象的宣传画和宣传标语，放置在村里的办事大厅和宣传长廊，使所有农村居民都能认识到现在农村地区存在的环境污染问题及其带来的严重影响，从而在农业生产和日常生活中注意保护环境。

（2）以水污染防治促进乡村绿色产业发展。

第一，以水污染防治为起点，推广农业"三减"理念，促进农业绿色发展。农药和化肥是构成乡村面源污染的主要因素，化肥在促进粮食增产增收和保障农业生产方面发挥了重要的作用，而施用农药是农村防病治虫的重要措施。大力推广化肥减量提效、农药减量控害，走好现代农业发展的道路，进一步推进农业绿色发展。推广开展化肥、农药精准投放，确保主要农作物化肥、农药使用量递减；推广开展养殖粪污综合治理理念，有效合理地规划畜禽养殖业，谋划一批生态循环农业示范基地，谋划推动秸秆等农业废弃物资源化综合利用等一系列目标和措施，推广果林、菜地集约型的灌溉模式，提升用于灌溉的水资源的使用效率。

第二，以水污染防治为引领，建立有机农业及生态绿色产业。那艮村一带主要种植荔枝、龙眼及蔬菜，基本是散户种养，只作为成品卖出，没有相关加工产业。村里没有生态绿色发展相关产业，也没有形成品牌。在稳定种植面积基础上提高产量，乡干部带领种植户多走出去学习相关专业种植技术，通过专业科技指导，科学种植，提高水果蔬菜产品的有机性和生态性，促进生产的水果、蔬菜以及粮食质量优、品种多、口感好。同时，结合村民生活的幸福感，以水污染防治和生态建设为基础和核心，开发荔枝和龙眼农产品的深加工产业、乡村特产产业、乡村农耕体验、生态民宿及观光业等，通过精心合理有序地组织和实施，打造一系列乡村绿色农业链，真正实现乡村产业日益发达，村民生活日益幸福。

（3）以水污染防治推动乡村基础设施完善。

第一，加强水污染防治的重视程度，强化污水治理设施建设，将其他没有完成污水系统的所有村污水管网建设、垃圾填埋场改造处理列入重要议事日程。制定全年村环境整治的路线图、时间表，序时组织实施。村干部应积极向上级组织反映，建议市政污水管网能覆盖距离城镇较近的村落。同时，农村污水设施要将生活污水和雨水分流处理，生活污水需排入污水处理厂集中处理回用，雨水可排入周边水体，争取在农村水污染防治、生态环境恢复等环节实现突破。

第二，乡村政府还需加强畜禽养殖管理。在鼓励村民畜禽养殖提高生活收入的基础上，根据畜禽养殖禁养区限养区划分规定，优化调整布置畜禽养殖场的布局，鼓励村民选择下风口排污处理方便的位置设立畜禽养殖场，同时引导村民按照标准化养殖场要求建立发展，养殖场要有符合要求的环保设施，畜禽养殖过程中产生的粪便、污水经过资源化、无害化处理，可直接在农田综合利用。乡村政府也要集思广益合理布局村镇建设，选择合适的地址，引导并鼓励散养户向养殖规模化小区集中，畜禽养殖粪便可以集中统一处理，提高处理效率，节约成本。但也需因地制宜，对于暂时无法集中的农户可采用卫生圈舍养殖，防止畜禽污染物影响周边环境。此外，政府可以考虑建设生态厕所，向上级政府申请经费支持，结合村里污水主要成分及种植植被，考虑引进微生物处理技术，将粪便等转化为有机肥料，有效节约水资源。

（4）以水污染防治带动乡村文化建设创新。

第一，以水污染防治系列专业技术知识讲座及培训带动村民思想观念和科学文化素质的不断提升。水污染防治是一项烦琐的综合性工程，需要培养人才，吸纳引进专家、知识分子、专业技术人员，吸引毕业大学生回乡，以水污染防治为导向，促进城乡之间相互交往、相互学习、相互借鉴，增强乡村保护环境的思想意识。与此同时，农村水污染的治理需要广大村民的积极投入参与，需要广大村民提升自己的科学文化素质，需要培养具有水污染防治专业技术的农民，因此，定期开展文化知识讲座及培训，一方面提升村民的生产生活的专业知识水平，开阔了村民视野，使村民接受了信息化时代新知识；另一方面通过专业培训，村民了解了水资源的宝贵，懂得合理利用水资源，掌握了水污染治理的技术技能。

第二，以水污染防治为主线，推动村民文化创新。结合那艮村的种植产业特色，在特色产业中如何做到水资源的合理利用，浓缩凝练一些农业灌溉、农药化肥等高效使用的文化元素，制作名片或宣传长廊，推动乡村产业发展的同时推动乡村文化的发展。也可以结合自身实际创办具有季节特色的荔枝龙眼农耕体验节、龙眼荔枝丰收采摘节、荔枝龙眼蜂蜜品尝节等一系列乡村特色农产品文化创新节日项目，活跃农村文化创新氛围。

(二) 阜阳市颍上县畜禽养殖污染防治的绿色实践

1. 阜阳市颍上县畜禽养殖污染防治问题

阜阳市素有"百亿粮仓、江淮厨房"之称。颍上县隶属阜阳市，位于安徽省西北部、淮河与颍河交汇处、淮北平原最南端。畜禽养殖粪污处理与美丽乡村建设有差距，存在偷排、配套处理设施不足、还田方式不规范等问题。禁养区内养殖场未全关闭，易引发"邻避"问题，有机肥厂运行不畅。管理体系不健全，信息化监管不足，散养户环保意识淡薄。须加强监管、完善设施、提升环保意识，推动畜禽粪污资源化利用。

2. 颍上县畜禽养殖污染防治的绿色思路与对策

(1) 全区域合理布局，推行集约化管控。优化畜禽养殖发展空间，调整区域布局，根据"三线一单"管控要求、禁养区划定情况，结合区域自然条件、人居环境、农业生产现状及土地承载力，实现分区管控。拆劣建优，推进养殖业空间布局的优化，为产业发展提供空间支持。促进散养户向集中化养殖模式转型，并加强污染治理工作，以实现养殖产业的可持续发展、资源的高效利用以及污染防治的同步推进，进而推动畜禽养殖业在环境、资源和土地承载力较为充裕的乡镇得到发展。

(2) 推广运用关键技术。全县可以从养殖饲料入手，采用过程控制、末端治理的方式，合理使用和优化低蛋白日粮配方技术、畜禽清粪技术、生物发酵床养殖技术、圈舍排除空气净化技术、液体粪污覆盖贮存技术、液体粪污酸化贮存技术、固体粪污密闭沤肥技术、液体粪肥覆盖式施用技术等，实现畜禽养殖污染防治目标。

（3）鼓励综合利用措施。首先，强化养殖业与种植业的合作，利用畜禽粪作为有机肥，减少污染，提高土壤肥力及种植业产量。须合理布局养殖场，实现养殖数量与土地消纳能力的平衡，鼓励精细化施肥。其次，推广"三全"模式，即农业废弃物全域化、全量化、全循环，应收尽收有机废弃物。某公司采用此模式，建立沼气和生物天然气处理站点，实现沼气工程产业化，促进区域循环农业平台化发展。

（4）强化监督执法机构作用。首先，完善信息共享机制，通过养殖场信息平台，生态环境部门掌握养殖规模、废弃物利用情况，增强环保意识。其次，加强事前、事中、事后监管，严把环评审批、排污许可核发、执法关，确保养殖场合规运营，污染物达标排放，查处违法排放行为。最后，推进生态损害赔偿工作，对违法排放的养殖场，采取溯源、联动执法、普法宣传等措施，推动赔偿义务人全额赔偿。

（5）探索小切口立法问题。颍上县虽然是畜禽业大县，但农村农民收入来源单一，规模以下养殖场较多。在对规模以下养殖场监管过程中存在的问题，相关部门可从小切口立法的角度，制定有针对性、可操作性强的地方性法规，出台相应的防治条例。这样可以解决规模以下养殖场日常管理只能靠说服教育的问题，降低养殖废弃物对居民生活的影响，减轻局部环境污染。

（6）畜禽养殖示范建设。颍上县要以"五化"建设为重点，即畜禽良种化、养殖设施化、生产规范化、防疫制度化、粪污无害化。颍上县要推动畜禽养殖标准化示范创建活动持续开展，优化升级设施装备，提升标准化、机械化水平，实现自动饲喂、自动环控、自动清粪、粪污资源化、污染"零排放"。此外，还要推动建设一批生产高效、产品安全、环境友好、管理先进、具有示范引领作用的养殖场，从而推动全县畜禽养殖场标准化、规范化发展。

（三）陕西省农村污染的绿色防治

1. 陕西省农村污染防治现存的问题

（1）污染防治基础设施建设投入不足。陕西省农村生态环境治理的基础设施建设运行资金仍然短缺，农村地区现在的主要短板还是厕所和污水处理问题，特别是污水处理。大部分农村没有完善的排水管网和污水处理设施，废水就近流到村庄周围的农田、水渠中，一些地区即便建设了一定规模的污水处理设施，也可能因为资金问题不能正常运转而成为摆设。另外，农村生活垃圾收集转运治理方面也存在一些不足，尽管在农村街道设置了垃圾桶，但清运力量不足，导致垃圾长时间堆放造成环境污染，并且村民随意倾倒垃圾的现象仍时有发生，也有很多生活垃圾被直接焚烧或掩埋。

（2）种植业和畜禽养殖业污染现象依然严重。陕西省作为一个农业大省，农业生产活动较多，为提高农业产量，农民常常会过度使用化肥和农药。这些化肥和农药中的化学物质如未能被充分利用，就会进入土壤和水源中，导致大量有害化学物质在土壤和水中积累，不仅降低了土壤肥力，同时也给食品安全和饮用水安全带来潜在威胁。此外，近年来该省畜牧业的迅速发展也带来新的问题，传统的养殖方式和环保意识不强，导致养殖户随意排放畜禽粪便，加剧了对农村水体、土壤等环境的破坏，不仅增加了疾病的传播风险，而且还会影响村容村貌，成为农村的主要污染源之一。

（3）秸秆树枝焚烧问题短期难以解决。陕西省农业种植面积广阔，其中果树和农作物种植面积占据很大的比例。然而，由于传统的农业生产方式，果树修剪后的树枝和农作物收割后产生的秸秆大部分被遗留在田地里，通常的处理方法是焚烧，回收和储存问题比较突出。目前，陕西省农村地区电能、沼气、天然气等清洁能源的利用率也较低，主要生活用能为薪柴或农作物秸秆。陕西省基本每户农村居民家中都修建有灶台，平时的一日三餐主要依靠薪柴或农作物秸秆作为燃料。因此，需要采取一系列措施，通过新的技术手段，解决农作物秸秆的处置问题，并将天然气等清洁能源引入农村家庭生活。

（4）农业废弃物的资源回收率较低。陕西省的渭北和陕北南部是全球最大的优质苹果集中连片基地，关中地区是陕西省粮食生产和设施农业的集中区。近年来，随着农业生产技术的不断改进，其种植过程中产生的大量水果套袋、农药化肥包装、农用薄膜等农业废弃物在自然环境中很难降解，带来严重的生态环境污染。陕西省第二次全国污染源普查结果表明，除化肥包装物回收率较高外，水果套袋、农药包装物和农用薄膜回收率均较低,大部分都随意丢弃在田间地头或焚烧处理。

(5)工业污染日益严重。农村经济发展、新农村建设和乡村振兴离不开乡镇企业,但陕西省的一些乡镇企业不仅布局非常不合理,而且污染物处理技术也不够发达,乡镇企业随意排放生产废水到河道或沟渠、固体污染物堆存侵占农村耕地等现象时有发生,农村的工业污染也越来越严重,长此以往将会对农村地区的生态环境造成极大的破坏。

(6)环境监管执法较为薄弱。近年来,虽然各级政府不断加大对农村生态环境保护的投入和力度,出台了一系列政策和措施来推进农村生态环境保护工作。然而,在农村地区的生产生活实践中,依然存在着大量破坏生态环境的行为,这不仅会影响农村的生态环境,还会对人民群众的生产和生活产生负面影响。目前,陕西省农村地区生态环境保护监管力度仍然不足,尤其是区域内县、乡、村的环境保护监管网络还没有正式形成,环境保护的机构不够完善,导致农村地区的生态环境保护措施未得到有效落实。因此,需要继续完善环境监管体系,建立健全区域内县、乡、村的环境保护网络。

(7)农村居民环保意识仍然较弱。农村居民在农村生态环境保护中扮演着至关重要的角色,对农村生态环境的改善有着关键作用。虽然"绿水青山就是金山银山"的理念已经深入人心,但当前农民对环保知识的了解还不够,对新理念的认识和接受程度不高,他们往往只关注如何从农田中获取更多的利益,而忽略了进行土壤改良等环保措施的重要性,最终导致了恶性循环和生态环境恶化。因此,陕西省的政府部门应和社会各界共同努力,加大投入,加强宣传教育,增强农民的环保意识,提高农民的环保知识水平,有序推进农业生产和农民生活方式的绿色化转型,从而实现农村生态环境的持续改善。

2. 针对性的绿色对策

(1)加强农村黑臭水体整治和生活垃圾收运处置管理。加强农村生活污水处理规划和管理,在治理农村生活污水方面坚持统一规划、统一建设、统一运行和统一管理。另外,为了治理农村黑臭水体,陕西省应当开展试点示范工作,重点治理乡镇政府驻地、中心村、城乡接合部、水源保护区、旅游风景区等村庄的生活污水。同时，充分发挥河湖长制平台的作用，实现水体污染的有效防范与治理，形成可面向全国乡村地区参考利用的生态治理与保护机制。

农村地区生活垃圾的处置是农村环境卫生工作的重要组成部分。在过去的很长一段时间里，农村生活垃圾的处理方式一直比较简单粗暴，往往是直接倾倒在野外，这不仅严重污染了环境，还给人民群众的身体健康带来了巨大的威胁。因此，健全农村生活垃圾收运处置体系势在必行，陕西省可以县为单元进行规划。根据镇村分布和运输距离等因素，城市或县城周边的村庄应纳入城镇收运处置体系，离县城较远的村庄则采用生活垃圾就地就近小型化、无害化处理模式，确保组有垃圾桶、村有垃圾箱、镇有中转站，实现自然村收集设施全覆盖。同时，推进厕所粪污、易腐烂垃圾、有机废弃物的就近就地资源化利用，加快推进农村生活垃圾源头分类减量。例如，有机垃圾可以进行沤肥还田，厨余等垃圾可由村组集中堆肥，煤渣灰土可以就地就近消纳。健全村庄保洁长效机制，加大乡村地区的厕所粪污、生活污水垃圾防治与处理力度。

（2）加强种植业污染防治。为了解决农业面源污染问题，陕西省应推广科学施肥和绿色防治技术。科学施肥不仅可以减少化肥和农药的使用量，还可以提高农作物的产量和品质，从而增加农民的收入；绿色防治技术可以有效控制病虫害的发生，减少农药的使用量，提高环境质量。充分发挥乡镇农技站的作用，宣传农业科学种植技术，减少农村地区对农药、化肥等的过度使用。推进农业废弃物的资源化回收利用，不断建立健全秸秆收储运体系，加大禁止焚烧秸秆监管力度，积极开展秸秆饲料、秸秆能源、秸秆肥料、秸秆食用菌等多渠道综合利用试点示范与推广。严格落实农膜管理制度，深入实施农膜回收行动。在重点区域开展水果套袋、农药包装物、农田残膜回收区域性试点示范，出台优惠政策，扶持废旧农膜回收加工企业发展，鼓励回收企业在乡村设立废旧农膜回收网点，完善农业废弃物回收和集中处理体系。积极鼓励农村居民选用环保、绿色的农业生产方式，共同推动农业面源污染治理工作的实施，实现生态农业的可持续发展。

（3）推进养殖业污染防治。采取多种措施推进畜禽养殖污染防治和畜禽粪污资源化利用。首先，加大对养殖户畜禽养殖的风险源排查，合理布局农村地区的养殖区域，探索实施农村养殖户畜禽污染治理的有效模式，切实减少畜禽养殖污染。其次，依法规范畜禽养殖禁养区管理，严查畜禽粪污环境违法行为，推进畜禽规模化养殖场和水产养殖池塘改造升级。最后，大力推进畜禽粪污资源化利用，采用生物技术将畜禽粪便转化为有机肥料，既可以减少环境污染，又可以提高土壤肥力，以减轻环境污染的负担，促进资源的循环利用。通过这些措施的综合实施，可以有效提升畜禽养殖的环保水平，促进可持续农业的发展。

（4）增强农民的环保意识和能力。在农村生态环境治理中，农民既是农业生产的主体，也是乡村治理的主要利益相关者，更是参与农业农村污染防治工作非常重要的组织力量。陕西省应加大对农村生态环境保护宣传力度，倡导绿色生活方式，加强环保教育，增强农民的环保意识，提高农民的环境保护法律法规知识水平。积极利用广播、电视、收音机等媒体工具，宣传加强生态环境保护的重要性，对在环境保护中表现良好的居民进行一定的资金或荣誉奖励，在思想与物质方面提高村民参与生态保护的主动性与积极性，形成农村农业生态保护的关键队伍。同时，不断完善农村居民环境保护培训制度及技术服务体系，增强农村居民识别和处理农村环境问题的能力，进而改善农村居民的环境保护行为。

（5）建立健全农村生态环境保护执法与监督机制。开展关于农业生态环境保护的立法工作，明确陕西省各级职能部门在农村生态环境保护工作中的职责，强化政府责任，约束企业及农民的生产生活方式，建立农村地区的生态环境长效保护机制，统筹推进城市与乡村地区的生态环境保护问题。加强环境监测和环境监管执法，完善对乡镇企业和农村个体经营企业的环境监管机制，创新农业农村生态环境监管执法手段，运用卫星遥感、大数据、App 等技术装备，及时发现农业农村环境问题。除此之外，还需加强农村环境保护的机构建设，提高生态环境监管的效能，强化执法监管，加强社会力量的参与和支持，形成县、乡、村三级联动的环境保护网络，构建全民参与的生态环保新格局。

（6）加强环保基础设施建设运行维护。环保基础设施和设备是治理环境问题的基本保障，陕西省可进一步加大对农村环境保护方面的资金投入，完善农村环境保护基础设施，提高农村环境保护和污染治理的能力。加大农村地区清洁能源推广使用力度，统筹农村改厕和污水、黑臭水体治理，强化农村生活污水治理与改厕工作有机衔接，积极推进污水资源化利用，因地制宜纳入城镇管网、集中或分散处理，充分考虑农村地区的经济承受能力和管理水平，积极推广低成本、低能耗、易维护、高效率的污水处理技术，保证基础设施"建得起来、用得下去、看到效果"。只有在基础设施的支持下，生活污水处理、垃圾处理等工作才能够顺利开展，从而提高资源的利用率，消除污染，逐步改善农村生态环境。

（7）加大技术研发创新和应用推广。解决农业农村污染问题瓶颈需要依靠技术研发创新和应用推广力度。陕西省可以建设绿色宜居村镇为导向，通过推广新型生态农业、生态林业、生态养殖等可持续绿色发展模式，从而推进生态保护与产业发展、村庄建设和生态环境协调发展。目前，由于我国农村污染治理关键技术问题，如生活垃圾与生活污水低成本处理技术、废弃物回收利用技术和面源污染防治技术等技术问题，仍未完全解决。因此，该省还应大力推进农村污染防治基础性技术的研发力度，突破技术瓶颈，提高技术创新能力，促进环保技术的应用和推广，以实现治理农村污染的目标。

···· 第三节　乡村生态产业建设的多维视角

一、乡村生态的生态产业化发展

生态产业化是指立足本地生态资源禀赋，通过社会化生产和市场化经营的方式开发生态产品或服务，在市场上进行交易，实现生态资源的保值增值。生态产业化重点强调"产业化"，蕴含着生态资源保护思维的转变，从强调保护和限制自然资源的利用转向强调其资产属性、推动生态资源的生态价值转化为经济价值，真正践行"绿水青山就是金山银山"的理念。生态产业化主要有生态农业产业化、生态工业产业化以及生态旅游产业化三种实现模式。实现生态产业化首先要解决资源来源问题，农村地区是生态资源的主要来源地，因此将生态产业化作为实现我国乡村绿色发展的路径具有其必然性与合理性。生态产业化即通过生产和交易生态产品最终获得绿色效益的过程，具体来说，这一过程包括生态资源培育、生态资源资产化、生态资产资本化、生态产品与服务市场化四个关键环节。

二、生态产业建设的特色及成效

生态产业作为可持续发展的关键路径，其在全球范围内受到广泛关注。本节将详细探讨生态产业建设的特色及其在推动绿色发展、区域资源挖掘以及三产融合方面的成效。

（一）挖掘区域资源，推动绿色经济高质量发展

生态产业建设的首要特色在于对区域资源的深度挖掘与合理利用。这一过程中，不仅注重自然资源的保护，更强调通过科技创新和绿色技术，实现资源的高效转化和循环利用。例如，在某些地区，通过发展生态农业，利用当地的土壤、气候等自然条件，种植适应性强的农作物，既保护了生态环境，又提高了农产品的品质和市场竞争力。

同时，生态产业建设还注重挖掘文化资源，将文化与生态旅游相结合，打造具有地方特色的生态文化品牌。这种发展模式不仅丰富了旅游产品的内涵，还促进了当地文化的传承与发展，实现了经济效益与社会效益的双赢。

在绿色经济高质量发展的推动下，许多地区通过生态产业建设实现了经济结构的优化升级。绿色产业逐渐成为经济增长的新动力，不仅带动了就业，还提高了居民的生活质量和幸福感。此外，生态产业建设还促进了区域间的合作与交流，形成了资源共享、优势互补的发展格局。

（二）坚持绿色发展，同步推进城乡生态文明发展

生态产业建设的另一个重要特色是绿色发展理念贯穿始终。这一理念强调在经济发展中充分考虑生态环境的承载能力，确保经济活动不对自然环境造成不可逆的损害。在城乡发展中，生态产业建设注重同步推进，实现城乡生态文明的协调发展。一方面，通过推广绿色建筑、清洁能源等环保技术，提高城市环境质量，提高居民的生活品质。另一方面，在农村地区，通过发展生态农业、乡村旅游等绿色产业，促进农村经济的多元化发展，提高农民的收入水平和生活质量。同时，城乡之间的生态产业合作与交流也得到加强，形成了城乡互补、共同发展

的良好局面。

绿色发展理念的实践还体现在政策制定和执行上。政府通过出台一系列鼓励绿色发展的政策措施，如提供财政补贴、税收优惠等，引导社会资本投向生态产业领域。同时，加大对环境违法行为的监管和惩罚力度，确保绿色发展理念得到有效贯彻。

（三）三产融合，生态产业的整体规模效益提升

生态产业建设的第三个特色是三产融合的深入推进。在传统产业划分中，第一产业（农业）、第二产业（工业）和第三产业（服务业）往往各自为政、相互割裂。然而，在生态产业建设中，这三大产业被有机融合在一起，形成了相互促进、共同发展的产业体系。例如，在生态农业的发展中，不仅注重农产品的种植与养殖，还将其与农产品加工、乡村旅游等一二三产业紧密融合。这种融合模式不仅延长了农业产业链，提高农产品的附加值和市场竞争力，还带动了乡村旅游等相关产业的发展。同时，通过引入现代科技和管理理念，传统农业得到升级改造，实现了向现代农业的转型跨越。

三产融合还促进生态产业整体规模效益的提升。在融合发展的过程中，各产业之间的资源得到更加有效地配置和利用，形成资源共享、优势互补的发展格局。这不仅提高了生态产业的综合竞争力，还为其可持续发展奠定了坚实基础。同时，三产融合还推动区域经济的多元化发展，增强抵御市场风险的能力。

三、乡村生态产业建设的发展对策

（一）生态农业塑造美丽乡村

生态农业作为乡村生态产业的重要组成部分，强调在农业生产中融入生态理念，通过优化种植结构、推广有机耕作、实施循环农业等措施，减少化学物质的使用，保护生物多样性，提升农产品的品质与安全性。生态农业的发展不仅有助于提升乡村居民的生活质量，还能有效改善乡村生态环境，塑造美丽乡村形象。

生态农业的实施策略包括多个方面：首先，推广生态种植技术是关键。通过

轮作休耕、间作套种等种植方式，可以减少土壤退化与病虫害的发生，提高土地的利用效率和农产品的产量与质量。其次，发展有机农业是重要方向。鼓励农民使用生物肥料和生物防治技术，减少化学农药和化肥的使用，提高农产品的生态价值和市场竞争力。同时，构建农产品品牌也是提升生态农业效益的重要手段。通过生态标签和绿色认证，可以增加消费者对农产品的信任度和购买意愿，进一步拓宽市场销售渠道。

（二）生态工业打造富裕乡村

生态工业是指在工业生产过程中，通过采用清洁生产技术、资源循环利用等方式，最小化对环境的污染与资源的消耗，实现工业发展与环境保护的协调统一。在乡村地区，发展生态工业不仅能够促进经济增长，还能带动就业，是打造富裕乡村的有效途径。

生态工业的发展策略应注重的内容包括：首先，优化产业结构是关键。乡村地区应鼓励发展低耗能、低排放的高新技术产业，逐步淘汰高污染、高耗能的传统产业，形成具有地方特色的生态工业体系。其次，推广循环经济模式是重要举措。通过实现废弃物的资源化利用，构建闭环产业链，可以降低生产成本，提高资源利用效率，减少环境污染。同时，强化企业环境责任也是必不可少的。建立健全绿色生产评价体系，激励企业采用环保技术，加大环保投入，实现经济效益与环境效益的双赢。最后，政府与企业合作也是推动生态工业发展的重要途径。政府可以提供政策支持和资金扶持，引导企业投资建设生态工业园区，形成良好的生态工业发展环境。

（三）生态服务业创建舒适乡村

生态服务业是指基于乡村生态环境与文化资源，提供生态体验、休闲养生、文化旅游等服务的新兴产业。生态服务业的发展不仅能够满足城市居民对高品质生活的追求，还能促进乡村文化的传承与创新，创建舒适宜人的乡村生活环境。

生态服务业的培育路径包括三个方面。首先，挖掘乡村文化资源是关键。通过开发具有地方特色的生态旅游产品，如乡村民宿、农家乐、生态采摘等，可以吸引更多游客前来体验乡村生活，增加乡村的经济收入。其次，提升乡村旅游服务质量也是必不可少的。加强基础设施建设，改善游客的住宿、餐饮、交通等条件，提高游客的满意度和回头率。同时，推动乡村民宿经济也是重要举措之一。利用闲置农房发展乡村旅游住宿，不仅可以增加农民的收入来源，还能促进乡村文化的传承与创新。最后，强化生态教育与文化传播也是推动生态服务业发展的重要途径。通过加强生态教育和文化传播工作，可以增强乡村居民和游客的环保意识，共同维护乡村生态环境和文化传统。

第四节 乡村生态治理的现代化建设路径

一、组织层面：强化基层党组织领导，构建多元主体共治

推动乡村振兴绿色发展，农民在乡村绿色生态、绿色生产、绿色生活中，发挥着重要的作用，保护好这些农民的权益，就必须有健全的组织体制来保证，当前，重点发挥基层党组织引领、多元主体参与以及非政府组织的作用，协调乡村绿色平衡发展。

（一）强化基层党组织在生态建设中的引领作用

乡村生态治理从顶层设计到实践运作需要依托强大的组织力量，农村生态管理从"上层"到"下层"的实际运行，都离不开强有力的"组织"，而这种"组织"的能力来自多方的融合，这就要求党组织能够把多方"融合"到一起去。首先，凸显党的领导在农村生态管理中的中心和主导作用，明确党的工作取向和行动方式，将直接关系到农村生态管理的实施效果，对农村社区的团体和组织构架进行深入研究，积极排查和消除农村社区中存在的"空白"，切实提高农村社区的工作效果。推动乡村基层党建工作的不断革新，让党组织的工作变得更加多样化，并积极地向社会组织、乡村居民延伸，让乡村基层党组织的领导和服务水平得到提高，让党的基层组织能够充分地起到与乡村居民相结合，为乡村居民提

供联系和服务的纽带作用。其次，积极动员和吸收社会力量，充分发挥基层党组织的领导核心作用，采用特许经营、政府和社会资本合作的方式，积极引导社会力量加入农村的生态建设。加强对农村的人力资源支持，调动社会力量，让他们能够积极地投入农村建设，充分发挥共青团、科协和妇联等群团组织的作用，让他们成为农村的一个重要组成部分，从而让农村的发展成为一个可以让政府、社会与市场共同参与的模式。

（二）构建多元共治的乡村生态治理体系

构建多元共治的乡村生态治理体系，党和政府要起到领导的作用，党委要对整个体制进行总体规划，从而引领治理的方向，并且要掌握好协调的原则。而在这个体制中，政府是基层的当地经济和社会发展的主要负责人，它要对乡村的生态环境进行全面的管理；区域市场和工业企业是环保的主体，也是生态治理的重要力量，它们在其中发挥着重要作用。在另外一个层面上，以"谁污染，谁负责"为基础，对污染性的公司，采取强制性的手段，让它们能够在当地的生态环境治理中，积极地参与进来。与此同时，也可以激励并引导环保型企业，充分利用自己的技术能力，深入到乡村的生态环境管理工作中来；各种社会机构以及广泛的社会大众在当地的环保工作中也起到了很大的作用，他们可以对当地的政府和公司进行有效的监管，并且可以对当地的基层政府和工业企业的生态治理进行持续地影响。所以，只有改变"单一中心"的理念，让参与到生态治理中的各类主体的自主性得以提升，使各类主体清楚自身应该履行何种责任，才能使"人人有责"的乡村生态治理体制得以建立。

（三）提升参与生态治理的能力

1. 强化基层党组织领导

（1）明确角色定位。基层党组织应作为乡村生态治理的引领者和协调者，明确自身在推动非政府组织参与生态治理中的角色和定位。通过制定相关政策、提供指导和支持，确保非政府组织能够有序、高效地参与到乡村生态治理中来。

（2）搭建合作平台。基层党组织可以搭建政府与非政府组织之间的沟通与合作平台，促进信息共享和资源整合。通过定期召开联席会议、组织专题研讨等方式，加强双方之间的交流与协作，共同推动乡村生态治理工作的深入开展。

2. 提升非政府组织参与生态治理的能力

（1）加强能力建设。非政府组织应加强自身能力建设，提高在生态环境宣传、监督、评估等方面的专业水平。通过组织培训、交流学习等方式，不断提升工作人员的业务素质和工作能力。

（2）拓宽资金来源。非政府组织应积极拓宽资金来源渠道，争取政府资助、社会捐赠等多元化资金支持。同时，可以探索开展有偿服务等方式，增加自身收入，为生态治理工作提供稳定的资金保障。

（3）创新参与方式。非政府组织应不断创新参与乡村生态治理的方式方法，结合当地实际情况和村民需求，开展有针对性的生态环境治理活动。例如，可以组织村民参与垃圾分类、植树造林等环保活动，增强村民的环保意识和参与度。

（4）强化社会监督。非政府组织应充分发挥社会监督作用，对政府和企业的生态环境治理行为进行监督和评估。通过公开举报、媒体曝光等方式，揭露生态环境违法行为，推动政府和企业加强生态环境保护工作。

二、文化层面：培育乡村生态文化

新时期推进乡村振兴的绿色发展之路，不仅要有外部的动力，更要有内部的动力，这就需要发展出一种生态文化。生态文明是人与自然之间相互协调、相互促进、共同进步的一种文明。在乡村振兴中，建立并发展生态文化应该成为乡村振兴中走上绿色发展之路的一个主要方面。农村生态文化的构建与完善需要从以下三个方面发力。

（一）加强乡村生态文化宣传教育

认识对实践具有重要的指导作用，而教育则是形成认识和文化的最主要的途径。在构建乡村生态文化的过程中，最基本的任务就是通过教育来提高农民的生态文化素质。"协调人与自然，促进人的发展"是乡村生态文化教育内容必须紧紧围绕的主题。提高农村民众参加经济社会发展的主体性和主动性，促进农民自觉地投入经济社会发展中去。从普遍性角度来看，实现这个目标，就要从三个角度着手：提高农村居民生态文化素质，增强他们建设生态文化的能力，增强他们对自己家乡和生态环境的主人翁意识。构建社会主义生态文明的群众基础也会随着乡村居民生态文化素养的不断提高而进一步夯实。

从乡村生态文化教育的特殊性来看，应因地制宜、因材施教，根据广大乡村不同区域以及不同人群的特点有针对性地进行生态文化教育：一是开展学校生态文化教育。首先，将生态文化教育纳入中小学的课程中，从娃娃抓起，让尊重自然和保护自然的生态价值观深入学生心中。其次，学校的生态文化教育还可以通过开展生态文化知识竞赛以及组织多样化的社会实践活动等途径进行，增强学生的学习兴趣，增强其生态文明意识。例如，采取举办科普讲座、种植树木、参观自然博物馆等方式，拓展生态文化教育的途径。二是运用专题教育的方法，对广大村民进行专题教育。农村的基层管理者可以充分发挥农村的各种环境保护和生态文化活动的作用来提升农村居民的环境保护意识。

（二）健全乡村生态文化基础设施

农村经济的发展和农村人民生活水平的提高离不开乡村地区生态与文化基础设施的完善。乡村公共产品不足，特别是基础设施建设落后是农村建设中最显著的问题。所以，如果要构建农村的生态文明，就需要构建与之相适应的基础设施，否则效果就会不尽如人意。建设和完善农村公共基础设施是实现产业兴旺、生态宜居、乡风文明、治理有效、生活富裕的总目标的必要手段。通过基础设施的构建和完善，能够有效增强农村中大部分人对建立生态文明的热情，让农村中的人们都能更好地参与到自己的生活中来。具体来讲，构建和完善乡村生态文化基础设施可从以下三方面着手。

第一，提升文化体育设施的品质，各地政府和相关部门需要采取积极措施，建立和完善专门的文化机构。这些文化机构将成为进行生态文化建设的重要基础和核心。通过这些机构，可以更好地组织和开展各类文化活动，丰富人民群众的精神文化生活，同时也有助于推广和普及生态文化的理念和知识。具体来说，各地应加大对文化体育设施的投入，确保这些设施在硬件和软件上都能满足现代文化发展的需求。硬件方面，要配备先进的设备和技术，提供舒适的环境，确保文化活动的顺利进行。软件方面，则需要培养和引进专业的文化人才，提高服务水平，使文化机构能够更好地服务于公众。

第二，每个村庄都要建立一个文化中心，完善图书阅览室、老人活动中心及其他配套设施，为村民们提供一个优质的娱乐和体育活动的地方，从而提高他们的生活质量，让广大农村群众精神层次上的需要得到更好满足。

第三，国家应增加对乡村环境的投资，并对乡村环境的保护进行专门的资金管理、使用和审计，以保证乡村环境改善的顺利推进，使乡村环境保护资金得到充分的利用。已经建立生态文明建设专项基金的地方，在发放建设资金的时候，按照有关的制度和规定的流程来执行，对建设资金的使用情况进行审查和监控，保证农村的生态文明建设能够正常进行。

(三) 健全乡村生态文化制度

在建设乡村生态文化的过程中，不仅要注重从物质、精神、行为等维度齐抓共管，同时也强调了在体制层次上的支持。在目前的制度条件下，开展乡村生态文明的创建，需要从组织管理体制、考核奖惩机制、社会公益组织的培养等多个角度来提供支撑与保证。

第一，建立有效的机构和制度。对农村地区的生态文化组织进行强化，每个地区都要设立相应的机构，并配置能够胜任相关岗位、具备相应专业技能的工作人员，来对农村地区进行生态文化宣传和教育。除此之外，对于生态文明相应专业知识的学习也是基层管理人员的一项基本功，能让乡村的领导跟上时代步伐，提高工作水平，增强乡村组织引导乡村生态文化发展的能力。

第二，健全评价、奖励和惩罚制度。实行更为严厉的考核标准，对与其有关的工作人员的管理工作进行规范，使乡村生态文化建设工作做到有据可依、奖罚分明。有利于更好地促进乡村生态文化建设工作开展。

第三，鼓励民间公益组织参与乡村文化建设。在接触乡村居民、传播环境知识以及推广生态文化等方面，民间组织有其独特优势。在建设农村生态文明的过程中，使生态公益机构的作用得以充分发挥，强化与其之间的关系，构建一种长久的合作关系，并以乡村群众的认可程度和现实的经营状况为根据，在传播生态文化理念时可以采取形式各异的宣传方式。

三、人才层面：建设乡村生态人才队伍

人才对于乡村振兴具有重要作用，为了进一步想推动乡村振兴的绿色发展，首先要将人才队伍建设摆到第一位置，培养更多新型农民，吸引更多有才华的人到乡村去，呼吁更多有才华的人回到家乡，让他们能够更好地在乡村生态环境治理、产业绿色发展中发挥自己的优势。

（一）培育新型农民

在推动乡村振兴的绿色发展之路上，农民的自身素质不高，是限制其发挥作用的重要因素。在乡村振兴的绿色发展之路上，将农民作为主要力量，加快培育出一大批新型职业农民，实现农业、乡村、农民的绿色发展。农民的自身素质、人员构成以及数量等因素都对乡村生态发展有着重要影响。因此，加快培育新型职业农民，提升其总体素质，为构建乡村振兴的绿色发展道路提供重要的人才资源。

乡村建设想要持续顺利推进必然离不开农民主体作用的发挥。在新的时代背景下，在推动乡村振兴的过程中，既有一批可以适应现代化农业发展需要的新的职业农民，又需要有一批能够与产业融合发展相匹配的"复合型"农民。所以，乡村生态建设的推进就应该从全面提升乡村的整体素质入手，以培养乡村居民为主要工作。一是建立农业专业院校。绿色农业、循环农业、科技农业是新时期农业的发展方向。我国是一个以农业为主的国家，创建一所具有"面向当代、面向将来"特点的农科院校，可以为我国的乡村培养出一批高素质的专业技术人才。二是与高校、研究机构开展更多的交流。高等院校和科研院所一直处于高等教育发展的最前线，其教学资源也比较富集。加强与大专院校和科研院所的协作，可使高校和科研院所发挥各自的优势，并与实际相适应，加速对乡村劳动力的培养进程。

（二）吸引人才进入乡村

推动乡村振兴的绿色发展之路，将以城乡融合发展作为一条途径，促使城市

人才参与到乡村生态建设的过程中。目前，国家正推进一条乡村振兴的绿色发展之路，而在这个进程中，既要支持居民进城，更要鼓励农民返乡，这样乡村地区才能保持强大的活力。

伴随着我国农业的快速发展，农业生产呈现出一种"两面性"的发展态势。通过市民走进乡村，能够让城乡之间的资源双向流转起来，从而让乡村的空闲资源得到充分的利用，从而走上推动乡村振兴的绿色发展之路。以发展人才资源为重点，畅通人才、技术和管理的渠道。在乡村绿色发展的现代化过程中，精准地抓住市民下乡的新潮流，制定了一系列的措施，以吸引市民下乡，以适应市民下乡的新需要。也有一些人士，其目的并非从事商业活动，而是为了体验更优质的居住环境，并与友人共享宁静的闲暇时光。不论城市居民出于何种动机，他们迁往乡村后，均有效地利用了当地的资源，并向农民们引入了先进的科学技术与管理方法。此举进一步促进了乡村振兴的绿色发展，并为乡村的现代化建设提供了有利条件。

当前中国的乡村建设出现了一个比较好的局面，这给农民的就业和创业带来了很多机遇。推动乡村振兴的绿色发展之路，不仅要对市民走进乡村进行扶持，更要对乡村中的农户进行激励，这是解决乡村中的农户流失，并充分利用乡村中的农户的一个方法。鼓励返乡的农民工回到自己的家乡，不仅要为他们提供更多的机遇，还要给他们提供更多的支持。

为了让农民回乡，积极地参加乡村振兴的发展，国家向他们提供资金、税收、住房等多种优惠。鼓励进城务工的农民工回乡，给予他们资金、医疗、住房等政策上的扶持。想让有才能的农民回到家乡，就要给他们创造一个安身立命的环境。这就要求国家从以往侧重鼓励资金流入乡村，转移到对外出农民返乡的扶持，从而为乡村的发展提供更好的人才资源，让乡村充满生机和活力。

（三）充分发挥突出人才作用

乡村振兴要靠有能力的人来领导。推动乡村振兴的绿色发展之路，将突出人才的影响最大限度地体现出来，不仅要将更多的能人引入自己的家乡，更要将其发掘和培育好。

人才是促进乡村发展的关键。在改革开放以后，随着社会和经济的不断发展，越来越多的有文化和技能的农民走出乡村，进入城市，寻找更好的生活。伴随着中国城乡融合的加快，乡村已逐渐走上了经济和社会发展的前列，并逐渐发挥了其强大的潜能，给城市中的人才返乡创造了良好的环境。将有才华的人吸引到乡村，这是一种对传统村庄进行"补血"的过程，它不仅能够弥补由于精英损失而造成的缺口，能够将城镇的资源引导到乡村，还能够利用归来的人才，将乡村内部和外部的各类社会资源进行融合，从而达到对资源的有效利用。一是继续推动"人才回流"。将更多在外打工、创业的能人引入自己的家乡，让有志向走上乡村振兴绿色发展之路的能人回归家乡，让他们积极地参与到乡村生态环境治理、农业绿色转型升级之中，让更多的农民能够真正地成为自己家乡的一分子。二是大力引进有才能的人到乡村来。大量的人才、能人和精英都聚集在了城市里，对于很多没有能人回到家乡的村庄来说，可以参考外国的成功案例，为农民工回乡经商营造有利条件。对下乡的精英进行适当的奖励和补助，在提供创业资助、落户服务、配偶就业、子女入学以及医保等方面提供便利，将城里的人才、精英，以及知识分子引入乡村。

推动乡村振兴的绿色发展，既要将人才引入自己的家乡，又必须善于发现和利用当地的人才。地方能人是推进乡村振兴走向"绿色"道路的中坚力量，发掘、培育、任用地能人成为"领军人物"，一要发掘和使用当地的人才。从国外的成功实践可以看出，当地人才是新乡村建设和经营的主体。中国乡村不乏人才，有关单位要善于发掘人才，更要敢于使用人才，使他们在推动乡村振兴和绿色发展的过程中发挥出应有的作用。二要加强对当地人才的培育。在推动乡村振兴的绿色发展之路上，可以参考国外的一些成功案例，利用省市党校，在对党员干部进行培训中，着重对人才进行培育，从而提升乡村人才在引导推动乡村振兴的绿色发展之路上的专业技能和管理能力。

四、生产生活层面：推动乡村生产生活绿色转型

（一）治理乡村生态问题

以工农业为主的乡村环境污染问题，成为制约农民生活品质提升的重要因素，对乡村的经济和社会发展产生了巨大的冲击，必须妥善解决这一问题，还农

民一片蓝天。

一是从农民生活与农业生产的角度，对农业生产中存在的问题进行研究。大力推进乡村公共卫生变革，引导农民建设公共卫生设施，科学地规划乡村的无害化标准，加快建设乡村无害化公共卫生设施。对生活垃圾、建筑垃圾和生活污水进行高效处理，加快垃圾处置的市场化进程，大力推动乡村生活垃圾的处置技术，让生活垃圾得到无害化的处置和回收，从而提升水资源的利用效率。加强对农业废点源的控制，大力发展畜禽粪便和秸秆的资源化，控制化肥、农药和地膜的使用量，加强地膜的循环使用。积极推进乡村绿化，将乡村绿化与新乡村的发展结合起来，引导广大农户对闲置的耕地进行充分的利用，在房前屋后、田间地头，栽种花花草草，兼顾经济效益和社会效益，创造出一系列的乡村绿地。

二是推动乡镇企业的转型升级。乡村生态的持续优化，重要的一方面就是生产方式的转变。搞好节能减排，对产能极其落后的小型企业进行兼并和重组，利用高新技术和专业设施，对污染严重的企业进行转型，实施清洁生产，实现污染物排放的减量化、无害化。从技术角度来说，使那些不发达的乡镇逐渐转型和升级，以提高其整体能力。在经费投资上，当地政府要对其进行适度的资助，从而为推动其实现经济的转轨和发展奠定基础；在政策制度上，各地的政府要根据自己的具体情况，制定相关的法律，对高污染、高耗能的公司进行打击，为发展新型的绿色环保公司提供保障。

（二）推动乡村产业绿色转型

要想让乡村产业走上绿色发展之路，最重要的就是发展生态农业，并推进一二三产的融合发展。生态农业不仅可以为人们带来绿色和安全的农产品，还可以对农业资源进行有效的利用，从而达到可持续发展的目的。

第一，推广"绿色"的农业技术，农业部门应该到乡村去宣传生态学，让农民能够得到新的认识和新的教育，从而提升他们在生态建设中的热情。

第二，积极配合当地的农户需要，积极宣传新的农业技术，并在当地进行经常性的农业技术服务，向农户传递绿色发展的最新技术。

第三，通过科学技术的宣传和野外的实验，让农户们能够更好地理解并自觉地进行生态农业的发展。

　　生产模式逐步转变，才能从根源上推动现代化的农业发展，才能使农户的环保意识更强。以绿色发展、生态农业为中心，加强农业园区建设，发展农业的深度加工项目，促进农业的深度开发，提高农产品的附加值。践行"两山论"的思想，深入发掘乡村独特的自然景观及人文环境，积极开展具有乡村特色的旅游项目，以丰富乡村的精神和文化内涵，提升乡村居民的生产生活品质，推动乡村经济的健康发展。

第八章 农村公共文化服务体系建设与乡村治理

第一节 农村公共文化服务体系概述

农村公共文化服务体系是指由政府和社会各界共同参与，以满足农村居民文化需求为目标的一种公共服务体系，旨在通过建立完善的文化设施和资源提供多样化的文化产品和服务，推动农村文化事业发展，促进农村居民全面发展。"农村公共文化服务体系建设作为乡村振兴的重要组成部分，在繁荣农村文化、兴旺农村产业、保障社会稳定、增强文化自信、提高政府服务水平等方面发挥着重要作用。"①

一、乡村文化的概述

（一）乡村文化认知

广义的文化包括价值、道德、习俗、知识、娱乐、物质文化（如建筑）等，乡村文化从内容上也应涵盖这些方面。中国是一个农业大国，源远流长的农耕文明和乡土文化是孕育中华文化的母体和基础，人们对乡村文化有着浓厚的乡愁情结。中华优秀传统文化的思想观念、人文精神、道德规范等，都根植于乡土社会，源于乡土文化。

乡村文化是由乡村居民在长期生产、生活中形成的生活习惯、心理特征和文化习性，是乡村居民的信仰、操守、爱好、风俗、观念、习惯、传统、礼节和行为方式的总和，主要包括农村精神文明、农耕文化、乡风文明等。

---

① 刘红. 乡村振兴背景下农村公共文化服务体系建设研究 [J]. 社会科学战线，2022（3）：255.

农村精神文明是以社会主义核心价值观为引领，弘扬民族精神和时代精神，体现社会公德、职业道德、家庭美德、个人品德的思想文化阵地，各级政府通过文化服务中心、广播电视、电影放映、农家书屋、健身设施、文化志愿服务等形式和设施，向农村居民提供公共文化产品和服务。

农耕文化主要反映传统农业的思想理念、生产技术、耕作制度等农业生产方式的变迁，是农村社会的主要文化形态和主要精神资源。如"男耕女织"及传统的生产工具，田园风光及间作、混作、套作等生产技术，西南的梯田文化、北方的游牧文化、东北的狩猎文化、江南的圩田文化、蚕文化与茶文化、柑橘文化、蔬菜文化等，以及农业遗迹、灌溉工程遗产。

乡风文明则主要反映农村居民的生活方式、生活习俗等。如文物古迹、传统村落、民族村寨、传统建筑等生活空间；礼仪文化，如家庭为本、良好家风、中华孝道、尊祖尚礼、邻里和谐、勤俭持家等；民俗文化，如节庆活动（春节庙会、清明祭祖、端午赛龙舟、重阳登高等）、民间艺术（古琴、年画、剪纸等）、民间故事、民歌、船工号子等；传统美食和非物质文化遗产等。同时，基于农耕文化、乡风文明的保护传承，应将现代城市文明的价值理念与乡村特色文化产业发展相融合，不断赋予乡村文化新的时代内涵。

（二）乡村文化的功能分析

1. 挖掘资源，保护生态

我国广大地区，农业仍然是主导产业，农民的文化生态与农耕习作密切相连。乡村文化生态是乡村地区的物质文化、精神文化和制度文化在历史上形成的结构系统及其与自然地理、社会环境相辅相成、彼此依存关系的综合体现。发展文化产业是保护乡村文化生态，激活乡村文化的方式之一。

乡村文化产业的发展中，与传统农业生产方式和价值模式相契合的原生态形态的衰落，以及与现代经济发展相适应的蜕变形态的衍生，构成了乡村文化随着主流文化的价值调整而呈现出的两种不同走势。在这个过程中，乡村文化生态一方面在形态上发生着变化；另一方面其核心的价值观却得以生存和发展。

2. 调整产业结构

发展乡村文化产业，可以有效促进乡村产业结构调整，带动一二三产业共同发展。从产业要素上看，发展乡村文化产业避开了土地、资金等要素稀缺的经济发展劣势，扎根乡土却又以非农经济为主的要素组合来构筑自己的产业基础；从社会转型角度看，发展乡村文化产业为弥合二元结构的社会提供新的契机。

传统社会向现代社会转型过程中，产生了大量的乡村剩余劳动力，离土不离乡的乡村旅游和手工品生产等模式能有效地吸纳一部分剩余劳动力；同时，这些产业的发展带动相关产业（如旅游接待服务、作坊加工、商品销售、运输管理等），这些产业也能实现剩余劳动力的就地转移，减轻了农民进入现代化进程中的"阵痛"，降低了观念转型的心理成本。

3. 实现区域跨越式发展和差异化竞争

根据区域经济发展理论，依托区域资源优势，可以实现区域跨越式发展和差异化竞争。文化资源的特殊性在于，不像物质资源具有资源存量既定的特点，不存在一个完全耗竭的界限，可以多次开发利用，开发的方式可以多元化。文化产品具有边际成本递减、边际效用递增的特点，发展文化产业，能突出比较优势并避开物质资本稀缺的制约，超越某些发展阶段和发展区域，在最前沿领域赶超，实现区域的跨越式发展和差异化竞争。

（三）乡村文化的审美价值

每个人对美的感受都不同，因为每个人的价值观和世界观都有着大小不一的差异，而乡村景观的设计要以真善美为美感基础。乡村景观，既能将不同地域的地理环境和气候特征反映出来，也诠释了当地的风俗习惯和文化特质。体现乡村景观的美感并实现其价值，只有以当地历史传承为基础，立足本土文化，充分发挥其独特性，才能更好地实现。所以，乡村景观的经济、文化、功能和地域等属性决定了乡村景观的审美价值。

1. 乡村活动感受美的存在

人们对美的感受有各种各样的方式，如视觉美、触觉美、听觉美以及体验美，而且因为审美角度和审美标准不同，其对美的感受也各不相同。体验美是指通过活动的参与来感受美，切身体验到美的存在。乡村生长着大面积的农作物，而各种农作物的生产类型都存在着一些差异，而且劳动形式也各不相同，能够从多方面加强体验。

传统的农业耕种方式适合进行参与式的旅游开发，因其本身特征适合个体劳动，也就更好地方便旅游者参与其中。通过参与劳动，旅游者不仅可以体验乡村的生活环境和习惯，在实践中学习农业知识，了解乡村和农业的发展模式，而且能够增加对乡村的关注度，珍惜当下生活，激发对乡村建设的热情。

2. 乡村产品提升商品价值

"美"在许多方面都能给商业带来极大的利益，特别是在经济飞速发展的时代，人们的审美眼光和审美要求越来越高。人们对吃、穿、住、行、用已不是满足最基本的功能需要，而是追求功能与艺术完美结合的综合品质。

乡村是提供生活食粮的生产基地。如今，绿色健康农产品成为时髦的健康食品，价格也随之上涨。乡村则有应对市场需求的条件，因地制宜，就地取材，利用本土资源、生产原料加工农产品，并挖掘和创造大众喜爱的具有本地特色的土特产品，创造土特产产品品牌。

商品价值的提升关键在于商品的真善美，真善美是提高商品美誉的基础，因此要动脑筋想办法创出好的、有特色的农产品和深加工食品，让人们愉快地接纳和消费，实现商品的高附加值。

3. 乡村环境具有观赏价值

美的环境不同于环境美，前者主要指视觉上的体验，如赏心悦目的景色令人感到心旷神怡，而环境美除了这些，还包括其他很多方面，如嗅觉、听觉等各方面的综合体验。美好的心情不仅仅来源于视觉上的享受，更在于包括视觉在内的其他多方面的综合因素。视觉美是直观的，它直接影响着人们的审美心理，除此以外不被人们注意的还有非视觉因素，例如，嗅觉、听觉、触觉、活动等一样能给人带来愉悦和快感。这些非视觉因素与视觉因素在环境中综合出现，留给人们的是整体环境的美好印象。因此，体验环境的美感绝非单一的，而是综合性的。

环境是一个整体，涉及环境中的各个不同物体和不同空间，自然环境、田野环境和村庄环境三者构成了乡村环境的综合体。不同的环境会给人不同的视觉感受，而且由于季节的差异，同一个环境因为季节变化给人的体验也是不同的。在美的环境里，既享受着视觉带来的冲击，又让人心里感到舒畅，心情自然也是愉悦的，而绿色、生态的自然环境，不仅是人类赖以生存的基础，也是人们所追求的、符合社会可持续发展的最佳环境。

乡村面积广阔、土地资源丰富，在乡村里，不同季节会呈现不同的视觉盛宴。例如，田野间成片的金黄色的油菜花，果园里各种果树盛开的鲜花，有粉红色的桃花、淡黄色的梨花等，以及田地里沉甸甸的稻穗等美丽壮观的景象。还有鸟语花香和随风起舞的农作物相互依偎摩擦而发出的"窃窃私语"，在大地的拥抱中传达丰收的喜悦，感恩农民的付出，刻画了一幅动人的乡村美景，给人以美的享受。

自然开阔的环境对游客来说充满着美感和魅力，乡村的美丽环境必然能创造出一定的经济价值。随着乡村环境的建设和整理以及观赏价值的不断提高，经济价值也在提高。

中国乡村拥有山地、平原、海洋、湖泊、河流、森林、湿地等多样的生态旅游资源，完全可以充分利用和发挥。乡村旅游的有效开发会给新农村建设带来新面貌，促进农业经济发展，为农民的增收、就业开辟新渠道。

4. 乡村环境创造生命价值

乡村健康环境的建设不同于城市的建设，它以自然环境为基础，通过发挥乡村特征和植物作用，创造一个充满生机与活力的健康环境，因此，乡村美的环境，是健康、安全、生态的环境。

新农村建设和景观开发，立足于乡村特色，不只停留在乡村景观的外在和观赏性上，更要发挥乡村优势，让在快节奏生活状态下的城市人放慢脚步，感受乡村的优美和宁静、恬淡和舒适，缓解其紧张的心情，满足现代游客的需求。

乡村以健康为主题的旅游开发需要有持续发展理念的设计师与当地农民共同协作去努力实现。健康的、美的环境必然会吸引更多的游客来观赏体验，美丽的乡村将成为城市人羡慕和向往的地方。

二、农村公共文化服务体系的特点

(一) 系统性特征

农村公共文化服务体系的系统性体现在其整体性和协同性上。这个体系并非简单的设施、资金和人才堆砌，而是一个有机的整体。在这个体系中，设施网络体系、资金人才保障体系、生产供给体系以及服务管理体制、运行机制等各个子系统相互支撑、相互促进。

第一，设施网络体系。在农村公共文化设施网络体系中，包括图书馆、文化活动中心、农家书屋等多种类型的设施。这些设施的布局非常合理，覆盖范围广泛，能够为农村群众提供便捷的文化服务。无论是阅读书籍，还是参与各种文化活动，农村群众都能在这些设施中找到适合自己的选择。

第二，资金人才保障体系。政府需要加大对农村公共文化服务体系的支持力度，确保资金的充足投入。同时，还需要培养一支专业化的文化人才队伍，为农村文化事业的发展提供有力的保障。有了充足的资金和专业的人才，农村文化事业才能蓬勃发展，为农村群众提供更高质量的文化服务。

第三，生产供给体系。针对农村群众的文化需求，丰富文化产品的供给，提高文化服务的质量，使农村公共文化服务更具吸引力。只有不断满足农村群众的文化需求，才能使他们真正享受到高质量的文化生活。

第四，服务管理体制和运行机制。为了确保农村公共文化服务体系的可持续发展，建立健全管理制度，优化运行机制。只有这样，才能确保农村公共文化服务体系的长期稳定运行，为农村群众提供持续的文化服务。

(二) 均等性特征

第一，发展机遇均等。政府制定相关政策，确保农村地区在公共文化服务体系建设中享有与城市、发达地区同等的发展机遇。这意味着政府将采取一系列措施，如提供财政支持、技术援助和政策倾斜，以确保农村地区在文化服务体系建设方面不会被忽视，从而实现城乡文化发展的均衡。

第二，发展过程均等。在农村公共文化服务体系建设过程中，政府将注重各地区之间的均衡发展，避免资源过度集中。这意味着政府将采取措施，如合理分配文化资源、加强基础设施建设，确保各地区都能获得必要的文化服务设施和资源，从而避免部分地区文化服务的匮乏。

第三，发展效果均等。通过优化资源配置，提高农村公共文化服务水平，使各地区群众享受到同等质量的文化服务。这意味着政府将采取措施，如加强文化人才培养、提升文化服务质量，确保各地区群众都能享受到高质量的文化服务，从而实现文化服务的均等化。

（三）多样性特征

第一，地域文化差异。我国幅员辽阔，各地拥有丰富多彩的民族文化。农村公共文化服务体系在建设过程中，必须充分考虑到这些地域文化的独特性，以确保能够满足不同地区群众的文化需求。例如，南方的农村可能更注重水乡文化和农耕文化，而北方的农村则可能更重视草原文化和游牧文化。因此，服务体系需要因地制宜，结合当地的历史背景、风俗习惯和文化传统，提供符合当地特色的文化活动和服务。

第二，需求层次多样。农村群众由于年龄、职业、教育程度等方面的差异，对文化服务的需求呈现出多层次、多样化的特点。农村公共文化服务体系应针对不同群体，提供个性化、差异化的服务。例如，年轻人可能更喜欢现代流行文化，而老年人则可能更倾向于传统戏曲和民间艺术。此外，农民可能更关注与农业相关的科技知识和技能培训，而学生则可能需要更多的课外阅读和学习资源。因此，服务体系需要深入了解各个群体的具体需求，设计出符合他们兴趣和需求的文化活动和项目。

（四）参与性增强

第一，群众参与决策。在农村公共文化服务体系建设的过程中，必须充分听取群众的意见和建议，确保他们的声音被听到。通过广泛征求群众的意见，可以更好地了解他们的需求和期望，从而在项目规划、资源配置等关键决策环节中，让群众积极参与进来。这种参与不仅能够提高决策的透明度和公正性，还能增强群众对项目的认同感和归属感，确保公共文化服务体系建设更加贴近群众的实际需求。

第二，群众参与建设。在农村公共文化服务体系建设中，应当积极鼓励和动员农村群众积极参与到文化设施建设、文化活动的组织和策划中来。通过这种方式，可以充分发挥群众的主体作用，让他们成为文化建设的主力军。群众的参与不仅能够提供更多的创意和活力，还能增强他们对文化建设的责任感和使命感，从而推动农村文化事业的繁荣发展。

第三，群众共享成果。农村公共文化服务体系建设的最终目标是让广大农村群众能够共享文化建设的成果。通过让群众积极参与到文化服务体系建设中来，他们不仅能够在参与过程中实现自身的价值，还能在文化活动中享受到文化发展的成果。这种共享机制能够确保文化发展的成果惠及每一个农村居民，提升他们的文化生活水平，促进农村社会的和谐与进步。

三、农村公共文化服务体系建设的现实意义

随着社会的发展和进步，农村也在随着中国的国情变化而发展、演变，现在的农村面临着具有时代特征的挑战和机遇。为有效缓解当下农村发展的矛盾，应明确落实乡村振兴战略，以推动农村现代化发展为总体目标，并在加大对农村地区各方面的投放力度基础上，着重推进产业、文明、生态、经济乃至治理等层面的共同发展，真正确保城乡融合发展目标的实现。

（一）助力乡村振兴战略

农村公共文化建设是乡村振兴战略中发展文化振兴的重要组成部分。其不仅可以使农村精神文化得到进一步优化，而且可以保证社会主义基本价值观凝聚正能量，助力乡村振兴战略，使乡村振兴与乡村文化在发展中相得益彰、共同实现，因此乡村振兴战略需要完成乡村文化的振兴，而乡村文化的发展也为乡村振兴建设提供内在精神动力。

先进的文化会促进社会进步和社会经济发展，而落后的文化会阻碍社会经济

发展，没有坚实丰富的物质基础，没有积极向上的精神文化，乡村振兴是很难实现的。加强农村公共文化建设，推进农村公共文化服务体系的繁荣发展有利于改善村容村貌，增强农村社会的凝聚力和整合力，丰富农村居民精神世界，为人类创造良好生态环境，推动农村产业多元化发展。

（二）促进农村产业结构融合

农村公共文化服务体系建设可以促进农村产业结构的融合，同时可以承载先进文化，改变农村地区的低文化情况。目前大多数农村地区已经逐步建成了以农村书屋、文体设施、农村文艺演出、电影放映等满足文化需求的基本公共文化设施，并使得农村公共文化服务体系向以政府牵头、公共资源提供辅助的方向发展。

农村公共文化服务体系的丰富和完善，是巩固社会建设成果的内在动力。乡村文化是乡村振兴的保障，为全面推进乡村振兴提供精神支柱和内在支持。农村公共文化服务体系的建设，有力地带动了农村振兴文化产业，使其迸发出了新的活力，农村公共文化产业的发展是农村经济发展的新动力，对激活农村公共文化资源、丰富农村公共文化产业具有重要作用。

农村文化产业在农村传统产业中所占比重较小，而当前各项惠农政策不仅使农村文化产业得到充分的资金力量支持，还为农村文化产业的发展指明了前进的方向，而且调动了村民创业、创新的积极性，为农村文化的发展助力。这不仅为农村美丽传统文化的传承发展和新时期农村文化的创新发展提供了良好的契机，也为农村公共文化产业振兴注入了新的动力，有助于促进农村产业结构融合。

（三）推进农村文明乡风形成

乡风文明体现着农村秩序的基本情况，是保障乡村振兴战略得以推进和实施的重要力量，也是构成农村文化体系的基本要素之一。

随着互联网的普及和我国城乡的发展，农村的建设力量正在逐渐减少，农村文化的发展也在放缓。农村公共文化服务体系的建立目的是增强人们社会主义核心价值观的践行意识，弘扬集体主义精神以及为他人服务的互助理念；通过开展移风易俗行动，结合农村环境中的非正式制度加强群众的高度社会认同感，实现农村生活的规范化和有序化，使人们产生归属感和依赖感。

提高农民的思想道德素质是农村社会文化建设的主要内容，是推进文明村镇建设的思想基础。思想道德建设强调认真学习优秀文化中蕴含的思想观念、人文素养和道德理念，突出要将社会主义核心价值观作为建设的理念遵循，弘扬主旋律和社会正气。农村公共文化服务体系建设的内容是挖掘优秀传统文化，培养农民的思想政治素养，提升整体文化水平，这实质上是一种社会文化保障，是传承优秀文化的基本途径。

农村公共文化服务体系作为我国公共文化服务体系建设的基础，是广大群众文化生活质量最直接、最明显的体现。农村公共文化服务体系的完善，是构建社会主义基本价值体系的重要途径，大力发展农村公共文化事业，从依托社会整体层面出发，不仅迎合了我国社会发展的总目标，也是文化发展实现的关键性条件。此外，借由该路径，还有助于我国民众整体素养水平的进一步提高，为实现现代化社会带来显著的推动作用。

第二节　农村公共文化服务体系建设的成就及现状

一、农村公共文化服务体系建设的成就

（一）农村公共文化服务体系整体结构初步形成

随着经济社会的持续发展和文化事业与文化产业界限的日益清晰，我国农村公共文化服务体系的整体结构已初步形成。这一体系强调公共文化服务的公共性和公益性特征，致力满足人民多样化的文化需求。党和政府通过一系列政策推动，为农村公共文化服务的发展提供坚实的政策和理论基础。同时，我国经济实力的增强和教育改革的深化也为公共文化服务体系的建设提供强大的经济支撑和智力支持。目前，我国已建立从国家到乡村的六级公共文化服务体系，形成了上

下联动、分工明确、结构严密的公共文化服务网络，并不断完善相关配套法规，为农村公共文化服务体系建设提供法律保障。

（二）农村文化基础设施建设初见成效

农村文化基础设施建设的成果直观地展示了农村文化建设的成效。根据第三次全国农业普查数据，我国乡镇和村的文化基础设施建设取得了长足进步，如图书馆、文化站、体育场馆、公园及休闲健身广场等设施的普及率显著提高。这些设施的建设满足了农民文化教育、休闲娱乐、强身健体的基本需求，极大地丰富了农民的文化生活。尽管仍存在地区间发展不平衡、基本公共文化服务均等化水平不高的情况，但政府正在大力推进基本公共文化服务的标准化、均等化发展，通过实施一系列贫困地区公共文化服务体系建设项目，进一步提升农村文化基础设施建设水平。

（三）农村文化组织初露活力

随着经济的发展和农民文化需求的多样化，农村文化组织展现出了前所未有的群众基础和蓬勃生命力。多种文化组织的出现，满足了农民群众不同的文化需求，激发了他们的文化热情。这些文化组织在相互竞争中取得发展和进步，拓展了农村文化的功能，使其在农村的两个文明建设中发挥更大作用。同时，多种文化组织也增加了农村文化的活动频率，丰富和充实了农民的闲暇时间。农村文化组织形态的发展已经进入了一个新的发展阶段，虽然还远不能满足农村文化事业发展的需要，但已经呈现出百花齐放、蓬勃发展的良好局面。

二、农村公共文化服务体系建设现状

（一）传统决策机制逐步转变

我国过去的农村公共文化服务体系很大程度上是以政府单方面的"自上而下"的行政命令式体制，这种体制是通过逐级下达的方式来传达命令，这样就形成了一种自上而下的压力，且农民没有参与到决策过程中。因此，现代的公共文化服务必须更加注重服务群体的需要。当前，农民群众了解和参与影响政策制定的途径增多，农民群众可以提出对文化服务和产品的真实需求，使决策更能体现民意。在服务的生产与供给决策中，通过社会力量的参与，强化政府的监督管理职能而弱化决策职能。政府在逐渐改变过去既管投入又管操作的传统，而向政府监督指导，由服务主体和受众群体共同决定服务内容与形式的格局转变。政府的职责应是对公共文化服务政策落实的监督，对服务内容的考核与评价。

（二）多元供给机制逐步形成

我国农村公共文化服务的供给模式有三种，分别为政府、农民自发组织以及企业和社会组织。由于农民自发的力量薄弱，难以开展一定规模的农村活动；企业和社会组织所提供的经费有限，并且可能受到政策限制，而导致不能提供全面的服务；政府作为农村公共文化服务的主要供给方甚至是唯一的供给方，无法满足农民的真实需求。而这样一种单一的供给模式难以满足农民不同的公共文化需求，因而导致一系列问题，如经费不足，供需矛盾等。一个合理的、完善的供给机制应该由政府、市场、社会组织、农民等主体共同参与、共同提供服务，形成一种多元的供给结构。只有大众的公共文化需求才是真正的时代精华，政府应该发挥其主导作用，引入竞争机制，推动公共文化服务社会化发展，鼓励社会力量、社会资本参与公共文化服务体系建设，培育文化非营利组织，对农村公共文化服务中的社会组织和农民群众给予更大的帮助和扶持。

（三）资金筹措机制逐步合理

农村公共文化服务体系稳定有序的发展须有配套的科学合理的资金筹措机制作为保障。一是加大对农村公共文化服务的投入，把农村公共文化服务体系纳入国民经济和社会发展总体规划，进一步纳入国家和地方财政预算。让人民通过文化消费共享经济发展成果。二是转变财政投入方式，提高资金利用率。当前的农村公共文化服务资金筹措机制还不健全，存在着诸多问题，再加上以往的财政投入往往没有细化到具体的服务中，所以会导致财政拨款并没有用到正确地方，虽然也可以确定资金投入的项目，但因为经费有限，往往缺少投入的连贯性和可持续性。既要保证资金的稳定持续、专款专用，也要确保投入资金的发展方向，确保资金的灵活使用。三是政府积极引导社会资金参与。政府可以利用政策优惠等手段，鼓励和激励企业、社会团体还有个人参与到农村文化生活的建设中来。

（四）科学管理体制逐步确立

科学的管理体制可以保障农村公共文化服务体系的有效运行，而不健全的管理体制则会导致运转效率不高，甚至出现设施闲置和破坏现象，使农民没有充分享受文化惠民政策带来的利益。因此，强化管理成为关键之举，要创新和建立健全适应社会主义市场经济的、从资金投入到具体服务农民的一整套管理机制。

第一，建立健全政府工作机制。建立健全一套党政齐抓共管、统筹规划，各职能部门分工合作、有效推进的工作机制。我国的文化体制改革滞后于经济体制改革，因此，鼓励人们敢于探索，勇于实践，使农村公共文化服务体系早日满足于服务广大农民群众的需要。

第二，建立健全文化企事业单位工作机制和社会参与机制。建立文化企事业单位工作机制主要是建立和完善文化企事业单位各项规章制度。制定奖惩制度，激发文化服务团体及人员下乡服务的积极性。建立社会参与机制主要是建立吸引社会投资的制度、社会捐赠制度、群众文化活动制度以及群众监督制度等。

第三，建立健全以政府为主，社会及个人多渠道为辅的投入机制，强化政府对农村文化建设投入的责任，建立财政对文化投入的长效机制，以制度确保"两个不断增长"，即农村公共文化服务体系建设的投入随经济发展而不断增长、各级财政对农村公共文化服务投入的预算在本级财政一般预算中的比重不断增长。改革财政投入办法，鼓励从事农村文化服务的机构和团体积极开展、广泛参与农村公共文化服务，对在农村文化服务方面投入的组织和个人给予一定的优惠补偿和荣誉奖励，积极引导社会力量以文企联办、民办公助、冠名赞助等多种方式投入农村文化公益事业。建立对政府拨款、融资、集资、社会捐助、赞助等资金监管制度，加强文化建设投入资金和物质的管理，资金应专款专用，产生实效。

第三节　农村公共文化服务体系建设中的社会组织

一、农村公共文化服务体系建设中社会组织的参与成效

社会组织的优势在于它具有政府和市场无法比拟的优越性，社会组织从事着政府和私营部门不愿意做和做不好的事情，在提供基层公共文化服务方面发挥着独特的优势。

（一）满足村民文化需求的多样性

由于社会组织根植于基层民众，能够清楚地知道基层群众的基本文化需求，充分实现基层文化资源的合理配置，避免了无效的文化资源提供，提高公共文化服务的效率。基层社会组织提供社会各项服务的目的是弥补政府在提供方面的不足，重点是为基层群体、边缘性社会群体等弱势群体提供文化服务。同时，因为社会组织一般都是有自己特定的成员，是为组织内成员提供特定服务，社会组织能够有针对性地满足组织内成员的文化需求，既避免了资源的浪费，又能灵活地满足人们多样化的文化品位，一举两得。这些社会组织由于贴近人民群众、身处基层，更能及时了解社会现实问题和人们的各种需求，能够更准确地对这些需求做出快速反应。由于成员通过平等的对话和协商机制，能够将个人的文化需求有效地传达给组织所有成员，从而带动组织内成员需求对接，更好地满足组织内成员文化需求。

（二）促进村民公共意识的培育

第一，提供多样化的文化服务。社会组织通过提供多样化的文化服务，如文艺演出、节庆活动、文化培训等，丰富了村民的精神文化生活。这些活动不仅让村民在娱乐中接受教育，还激发了他们对文化活动的兴趣和参与度。例如，农村文艺团体的蓬勃发展，使得几乎每个村落都拥有自己的文艺团体。这不仅为农村

文化的繁荣发展注入了新的活力，还通过集体参与的形式增强了村民的集体荣誉感和归属感。

第二，引导村民破除陈规陋习。社会组织在提供服务的过程中，还积极引导村民破除陈规陋习，倡导文明新风。例如，成立红白理事会等组织，通过制定和执行严格的规章制度，防止红白事的大操大办和铺张浪费，既节约了资金，又树立了节俭、文明的新风尚。这种实践让村民认识到公共事务的重要性，学会了在公共事务中如何做到公平、公正和合理。

第三，强化村民自治与民主管理。社会组织通过参与农村公共事务的管理，强化了村民自治和民主管理的意识。例如，在村民自治制度层面，社会组织协助政府推动民主选举、民主决策、民主管理和民主监督的实施。通过让村民直接参与重大事务的投票表决和决策过程，提高村民的政治参与度和民主政治意识。同时，社会组织还监督村务公开和财务公开，增强村务工作的透明度，使村民更加信任和支持村委会的工作。

第四，培养村民的共同体意识。社会组织通过组织各种公共活动，如文化下乡、健身舞培训、广场舞比赛等，让村民在参与中意识到自己是生活在一个共同体之中。这种共同体意识的培养有助于增强村民的团结协作精神和社会责任感。当村民意识到自己的利益与整个村庄的利益紧密相连时，他们更愿意为村庄的发展贡献自己的力量。

第五，提升村民的法治意识。社会组织在参与公共文化服务的过程中，还注重提升村民的法治意识。通过宣传法律知识、组织法律讲座和咨询服务等方式，让村民了解法律的重要性和必要性。当村民遇到问题时，他们学会用法律武器来维护自己的合法权益，这不仅增强了村民的法治观念，还提高了他们的自我保护能力。

（三）促进政府与社会协同治理

加强社会组织的培育和发展有利于政府职能的转变，进一步推进"多元共建"的治理格局的形成。长期以来，政府都是文化资源的主要分配者，依靠行政力量对各种文化资源进行计划安排，其中不可避免地造成资源配置的低效率，忽视人们文化需求的多样性。然而，通过社会组织，人们可以根据自身的需求特点"量身定做"，有效完成文化产品和服务的"私人定制"，提高文化资源配置的效率。

二、农村公共文化服务体系建设中社会组织的完善对策

（一）确保社会组织合法地位

总体而言，我国的社会组织尤其是农村地区能够发挥作用的组织仍处于发展的初级阶段。社会组织的自主性和独立性相对较弱，与受到行政权力对社会组织的干预、组织主导资源单一有关。所以，政府必须为基层文化类社会组织的合法化发展提供一套合理的说法。

1. 从法律上进行规范

社会组织在我国目前的社会生活中扮演着越来越重要的角色，这些社会组织所承担的复杂多变的责任和角色从客观上要求必须将社会组织的专门立法提上日程，立法过程中必须坚持社会组织正确的价值取向，应当体现"以人为本、权利本位、社会自治"等基本的价值观念。社会组织由于其自身的特殊性，关于社会组织的立法必须坚持自下而上与自上而下方式的有机结合，既考虑到基本立法的价值取向，又要充分体现民意。

为了争取社会组织最大的独立性和自主性，政府不得干涉社会组织的合法活动，确立社会组织的独立自主地位。对目前社会组织发展所出现的问题和暴露的缺陷进行有效规制，弥补不足，限期整改，引导社会组织健康发展。对社会组织的法律规范不仅仅限于法律地位的确认，更重要的是配套制度的建立健全，包括非政府管理体制改革、非政府绩效评估制度、非政府制约监督机制以及社会组织成员法律救济制度。此外，仅仅是对于社会组织运行方面的立法是远远不够的，必须对违反规章制度的社会组织进行严格的制约和监督，保证社会组织的高效运行。

2. 提升组织自身有效性

社会组织出现的首要使命是为了弥补政府和市场的不足，由它们来承担政府

和市场不愿做和做不好的事情。在农村公共文化服务的供给过程中，社会组织必须以农民的基本文化需求为出发点，在所提供的公共文化产品和服务中，不仅要体现文化娱乐精神，更重要的是能使农民形成合作互惠、积极向上的价值观念。

只有通过居民参与社会组织的活动，意识到共同参与价值创造的重要意义，才能增强居民对农村生活的认同感和归属感。社会组织本身运行的有效性应该体现在以下三个方面：①准确定位农民文化需求，有针对性地提供文化产品和文化服务。②积极组织农民喜闻乐见的文化娱乐活动，在活动中形成公共事务参与的能力，增强成员之间的感情和培育社会资本。③及时对公共文化活动的举办、文化产品和服务的供给进行总结汇总，提升组织本身服务的素质和能力，并且通过内部定期的培训学习，不断提升为组织成员和社会公众服务的能力。

(二) 规范组织内部运行

完善的组织结构对社会组织运行的有效性是至关重要的，社会组织内部的决策机制必须坚持民主管理的原则。社会组织相比政府和企业最大的特点是自主自愿，具有较强的自主性，协商是解决组织内部问题最重要的方式。社会组织本身必须坚持依法运行，按照已有的法律严格规范组织活动，依靠自身优势充分动员社会资源。社会组织必须善于提升组织的素质和能力，保持组织自身的先进性。形成组织内部规范的治理机制是社会组织适应内部和外部环境的必要条件，也是组织持续健康发展的必要保障。

1. 完善组织规章

健全的制度是社会组织实现有效治理的保障。一套完整的社会组织的管理制度应该包括财务管理制度、合同管理制度、分配和奖励制度、民主议事制度及绩效评估制度等，并且随着组织活动的开展不断完善，逐步规范和细化制度的实施。由于我国国情的特殊性，社会组织起步较晚，目前社会组织的发展还是有很明显的政府依赖性特征，但是这种依赖性不应该体现为对政府组织资源和人员地位的依赖，而是政府应当为社会组织的发展提供良好的政策和制度环境，提供合理的法律环境和组织规章制度。政府必须给予真正在社会中起到正面作用、发挥正能量的社会组织以合法的身份，有了身份才能实现发挥效用的常态化，才能实现组织内部的规范化运行。另外，文化社会组织的长效运行和发展一定要充分激发组织成员的公益精神，通过合理的激励制度，使组织成员发挥带头作用，引领基层社会文化新风尚。

2. 规范资金管理

资金对于组织而言是组织各项活动顺利开展的必要条件，我国社会组织面临资金来源匮乏、资金管理混乱的现象，这严重制约了社会组织的发展和目标的实施。为保证社会组织活动顺利开展，必须对组织资金进行严格规范的管理。

第一，稳定组织的资金来源，提升组织融资能力。将资金来源不局限于组织成员内部均摊和捐赠，积极拓宽融资渠道。随着政府职能的转变，政府购买社会服务越来越成为低成本高效益的选择，社会组织可以通过政府招标获得组织收入。文化类社会组织积极创造组织自身品牌，利用市场机制，获取收入来源。农村地区典型的组织形式是农民专业合作社，其产品包括具有价格优势和地区优势的农产品、地方特色的传统手工艺品、传统的文化艺术形式等。

第二，建立健全组织内部资金收支详情公示制度，成立专门的资金管理小组，对资金使用明细进行严格监督，规范资金使用，提高资金使用效率。因为社会组织身份的特殊性，既不同于政府经费直接来自财政拨款，又不同于企业以营利为目的，社会组织内部资金的来源、运作、支出等各种财务往来必须形成组织内部一致的财务管理规程，必须向组织内所有成员进行透明化公开。

第三，鼓励社会捐赠，构建科学合理的社会捐赠激励机制。加大对捐赠资金的企业的宣传力度，形成合作共赢的长期合作模式，吸引优秀的企业家和社会人士积极投身基层社会文化公益事业。

（三）吸引和培养社会组织人才

人是组织开展活动的基础，所以必须根据基层文化活动发展的需要吸引和培育人才。

1. 吸引基层文艺人才

在吸引人才方面，即便社会组织最重要的价值是志愿和服务精神，但是仅仅凭借志愿精神以及组织使命的感召力还是远远不够的，为了组织的可持续发展和有更高层次水平的提升，专业的管理人才必不可少，还必须依赖国家在改革的进程中提供长效的制度性政策的保障。在吸引人才的过程中一定要坚持以完备的人事管理为基本原则，包括一系列的薪酬福利、绩效考评、劳动合同等，解决基层社会组织文艺工作者的后顾之忧。社会组织主要负责人还要时刻学习新的管理知识，运用科学的管理技能吸引人才，切实为基层人民的文化生活做出贡献。多样化拓宽基层文艺人才来源渠道，对应届毕业生和文化领域内优秀人才开放。

2. 完善组织人才培养体系

积极建成长效的社会组织人才培训机制，借助已有的平台和条件，加强组织内部管理人员的专业培训，使人才培养计划具有确定性，形成规范化和常态化的人才培训，做到逐步提升，促进组织的可持续发展。通过组织化、系统性和常态化地吸收、纳入和培训，建立一支理论与实践相结合、富有创新精神和奉献精神的成员队伍。特别注意吸纳有基层文化工作经验的人员，因为他们已经通过工作积累了丰富的农村的实践经验，并且养成了服务基层、吃苦耐劳的工作作风，并通过适当的奖励政策稳定人才，充分调动他们的工作积极性和创新性。事实证明，社会组织内的用人制度，改制实行全员招聘制和竞争上岗后，贯彻实施"公平、公开、竞争、择优"的原则，能够调动他们的积极性，有利于他们放开手脚充分施展个人才能，提高工作效率，增进组织凝聚力。此外，可以通过倡导志愿服务和科学合理的待遇条件吸引有志于从事基层文化服务的青年和即将毕业的大学生从事农村基层文化公共服务。由于年轻人有新奇的想法和新的科技，能够将传统文化形式以一种新颖时尚的方式进行诠释，给传统的文化形式注入新的因素，更有利于人们文化生活方式的创新。

（四）加强监督

坚持监督与培育并重的原则，监督的过程实际上是通过外部力量给予的压力促进内部力量的自我约束。为了加强社会组织自我约束，政府监督与社会监督双管齐下尤为重要。

1. 强化政府监督

社会组织作为社会发展的重要力量，其行为的规范性和透明度直接关系到社会的和谐与稳定。然而，仅依靠社会组织的自我约束是不够的，政府监督的介入尤为必要。

（1）政府监督可以为社会组织提供一个明确的行为框架。通过制定相关法律法规，政府可以明确社会组织应当遵循的行为准则，从而为社会组织提供一个清晰、可操作的行为指导。这有助于社会组织更好地了解自身的责任和义务，进而在行为上做到自我约束。

（2）政府监督可以及时发现并纠正社会组织的不当行为。政府作为社会的管理者，有责任对社会组织的行为进行监管。通过定期的检查、审计等方式，政府可以及时发现社会组织存在的问题和不当行为，并采取相应的措施进行纠正。这不仅可以保护社会组织的合法权益，也可以维护社会的公平和正义。

（3）政府监督可以促进社会组织之间的公平竞争。在缺乏有效监督的情况下，一些社会组织可能会采取不正当手段来获取利益，这不仅会损害其他社会组织的权益，也会破坏市场的公平竞争环境。而政府监督的介入，可以确保所有社会组织都在同一规则下竞争，从而维护市场的公平性和秩序。

综上所述，为了加强社会组织的自我约束，政府监督是不可或缺的。政府应当通过制定相关法律法规、加大监管力度等方式，来确保社会组织的行为符合社会期望和法律法规的要求。同时，社会组织也应当积极配合政府的监督工作，不断提升自身的规范性和透明度，为社会的发展做出更大的贡献。

2. 提倡社会监督

对社会组织而言，民众监督包括两个方面，一个是组织成员内部监督，另一个是组织外成员的监督。组织内部成员之间的监督可以及时地反映到组织主要负责人和其他成员之间，有利于防止组织做出错误决定，另一方面还有利于促进组织成员之间相互协商、共同决策。

随着社会组织收入来源结构的变化，政府通过资金来干涉社会组织事务的现象将逐步得到改善，很多民营企业家也通过捐赠的方式对社会组织进行资助，这也使这些捐赠者对社会组织日常活动的开展和经费的利用享有一定的约束力。这些组织内部和外部的成员的有形和无形的监督都将对社会组织形成一种压力，促进社会组织规范化发展。社会组织要进一步提高公信力和深入群众、扎实民众基础，还必须加强第三方监督和评价，第三方监督有利于促进社会组织加强自律，更有利于组织积极回应公众需求，真实地代表民意。

随着人们生活的方式和环境发生了重大变化，新闻媒体在社会生活中的影响和作用越来越大，成为一种不容忽视的社会力量，舆论监督已经成为一种维护社会正义和民众合法权益的重要方式。随着现代科技越来越发达，社会组织也受到多方媒体的关注。目前所有社会组织、民间组织都在民政部门有备案，在"中国社会组织政务服务平台"上每天都会有社会组织信息的公开，微信公众号"中国社会组织动态"也会及时更新信息，这为普通民众对社会组织的监督提供了便捷的渠道。

第四节 以治理理念推进农村公共文化服务体系建设

一、发挥政府及文化行政部门的主导性作用

在国家治理中，各级政府起着主导性作用，实现有效政府治理，必须充分发挥各级政府在社会各方面建设中的龙头作用。政府与一般的社会组织不相等同也不能等同，更不能使之被边缘化。现代公共文化服务体系建设，要求政府及其文化行政部门提供有效公共文化服务，因为它们扮演着公共文化政策的制定者、文化服务的提供者等角色。因此，政府及其文化行政部门要充分发挥自身在公共文

化服务体系建设中的主导作用，在制定公共文化法规政策、规划长远发展蓝图、保障公共文化建设秩序等方面尽到责任，使公共文化服务体系高效运行有所保障，进一步满足群众实际文化需求。

二、及时创新公共文化服务体制机制

当前公共文化服务建设存在的一个主要问题就是文化管理部门自身管理职能不清、界限模糊、机构臃肿且办事效率不高，在很大程度上造成有限而又宝贵的文化资源的浪费。所以，为了适应社会的发展，很有必要对公共文化服务的体制机制进行及时的创新。

第一，改变决策方式。由以往自上而下的决策转变为民主的决策方式，建立民主决策机制，实现公共文化服务决策的程序化、专业化，使专家、公民及相关社会组织参与这一体系建设决策的程度得以提高，使决策的民主化水平得到进一步提升。

第二，在法治化和制度化方面，尽力推进服务体系的建设。首先要依照政事分开、政社分开的要求，理顺政府与公益性文化事业单位、行业协会等之间的关系，转变政府职能。其次要健全协调机制，调动各部门的工作积极性，实现优势互补，合理地配置文化资源。

三、引导公共文化服务走向社会化，加大群众参与度

公共文化发展中存在的问题，必须通过推动公共文化服务的社会化来加以解决，即通过调动全社会力量，使政府、企业和市民等共同参与，积极努力推进公共文化服务的发展，从而激发整个社会的文化创造活力。

目前，我国公共文化建设仍然以依靠政府力量为主，难以满足群众日益增长的多元文化需求，必须做出相应的转变。首先，必须创造条件，在公共文化领域中吸引社会资本投入，这就需要进一步简政放权。特别是在公共文化服务体系建设落后地区，应大力实施多元化投资，吸引各方力量投资社会文化建设，进而实现政府引导、社会多方参与的良性互动。其次，形成竞争机制，对资源配置进行优化，积极探索财政投资方式，如可以采取购买服务、以奖代补的方式，也可以

试用基金制等方式，逐渐改变以直接拨款为主的财政投资方式。最后，对社会服务主体进行培育并且使之朝着多元化方向发展，重视文化非营利组织以及文化志愿者功能作用的发挥。

四、提升基层公共文化服务水平

进一步完善基层公共文化设施，同时坚持资源、服务与重心的下移，对基层公共文化设施资源进行及时整合；对重点文化惠民工程要加快实施，对基层文化资源要进一步丰富；基层文化人才队伍的素质建设不容忽视，将之作为现代化的公共文化服务体系建设的一个关键环节来抓，加大管理及教育培训力度；对基层文化信息资源要进行大力整合，打造公共文化服务体系的统一服务平台，提高服务效能和公共文化覆盖率，使公共文化产品和公共文化服务更加丰富、高效、便捷，进一步提升基层公共文化服务水平。

五、推进公共文化服务体系均衡发展

当前，城乡、区域之间公共文化服务体系发展的不均衡问题日益突出，这种不均衡主要表现在城乡和区域之间的公共文化设施供给、政府公共文化服务、社区公共文化生活等多个方面。消除公共文化产品服务不均衡的城乡、区域"二元供给"①，缩小城乡、区域差距，政府必须重视农村和落后区域公共文化服务建设，以基层为重点，加大基层公共文化服务体系建设的财政支持力度，同时引导社会资金投向基层公共文化建设，着力解决城乡、区域间文化建设的均衡发展问题，建立均衡的公共文化服务体系和投资结构，确保城乡、区域公共文化发展平衡，促进公共文化服务的均等化。

---

①区域"二元供给"通常指的是在一个特定区域内，公共物品或服务的供给存在两种不同的体系或结构，这种结构可能是历史、经济、社会或政策因素造成的。

第九章 乡村治理现代化与数字化发展探索

··· ## 第一节 乡村治理现代化的路径选择

一、强化党的领导，引领乡村治理方向

在乡村治理现代化的进程中，党的领导是根本保证。为强化党的领导，引领乡村治理方向，必须从以下三个方面着手。

（一）加强基层党组织建设

为了进一步加强和改进基层党组织的工作，需要对党组织的架构进行完善，优化组织设置，确保党的组织和工作在各个领域和层面都能实现全覆盖，不留任何死角。这包括在各个社区、村庄、企业等基层单位建立健全党的组织，确保党的工作能够深入每一个角落。同时，还需要注重提高党员的素质和能力。通过定期组织党员教育培训，让党员们深入学习党的理论知识、路线方针政策，不断提高党员的政治觉悟和业务能力。这样，党员们才能在乡村治理中发挥先锋模范作用，带领广大群众共同推进乡村发展。

此外，建立健全党员联系群众制度也是至关重要的。通过这一制度，党员们能够更加紧密地联系群众，了解群众的需求和意见，及时反映群众的呼声。这样，党的路线方针政策才能在乡村得到有效贯彻落实，真正为群众谋福祉。

（二）构建党组织领导下的乡村治理体系

明确党组织在乡村治理中的核心地位，确保其发挥出至关重要的领导作用。党组织应当成为乡村治理的中坚力量，引领和推动各项治理工作。同时，要积极推动形成一个多方参与、共同治理的格局，鼓励和支持社会组织、企业以及其他

多元主体积极参与乡村治理工作。通过这种方式，可以形成一个政府主导、社会参与、市场运作的多元共治格局，充分发挥各方的优势和资源，共同推动乡村治理的现代化进程。这样的格局不仅能够提高治理效率，还能增强乡村的凝聚力和可持续发展能力，为乡村的繁荣稳定奠定坚实基础。

通过建立合作机制，各方可以共同探讨乡村治理中的问题，提出解决方案，形成合力。同时，党组织还要加强对各方参与的引导和协调，确保各方在乡村治理中发挥积极作用，形成一个和谐、稳定、可持续的乡村治理格局。

通过这样的努力，可以形成一个政府主导、社会参与、市场运作的多元共治格局。在这个格局中，各方可以充分发挥自身的优势和资源，共同推动乡村治理的现代化进程。

（三）提升党员干部素质

为了进一步提升党员干部的政治素质和治理能力，必须加强对他们的教育培训工作。通过定期组织党员干部深入学习党的理论知识、政策法规，以及现代治理理念和方法，确保他们能够掌握并运用这些知识和技能。这样的培训不仅有助于提高党员干部的理论水平，还能使他们具备适应乡村治理现代化需求的能力和素质。

此外，还应当注重培养党员干部的实践能力和创新精神。鼓励他们在乡村治理的实践中积极探索，勇于创新，不断尝试新的方法和思路。通过实际操作和经验积累，党员干部能够更好地理解和解决乡村治理中的各种问题，从而提高治理效果。同时，创新精神的培养也有助于激发党员干部的积极性和主动性，使他们在工作中更加主动地寻求改进和突破，为乡村治理注入新的活力。

二、以人民为中心，保障农民主体地位

农民是乡村治理的主体和受益者，必须充分保障其主体地位和权益。为实现这一目标，须选择以下三条路径。

第一，完善村民自治制度。保障农民的知情权、参与权、表达权和监督权，通过建立健全村民会议、村民代表会议等自治组织，提高农民参与乡村治理的积

极性和有效性。同时，加强村民自治组织的规范化建设，确保其依法依规开展自治活动。

第二，加强农民教育培训。提高农民的科学文化素质和治理能力，通过开展农业科技培训、乡村治理知识讲座等活动，增强农民参与乡村治理的能力和水平。同时，还要注重培养农民的创新意识和实践能力，鼓励其在乡村发展中积极贡献自己的力量。

第三，建立健全农民利益保障机制。切实维护农民的合法权益，通过完善农村土地制度、农村社会保障制度等政策措施，让农民在乡村治理现代化进程中共享发展成果。同时，还要加强对农民权益的司法保护，确保农民的合法权益得到有效维护。

三、推进法治建设，保障乡村治理有序进行

法治是乡村治理现代化的重要保障。为推进法治建设，须采取以下三方面措施。

第一，进一步完善法律法规体系，以加强乡村治理相关法律法规的建设。这包括明确乡村治理中各个主体的权利和义务关系，从而规范乡村治理的行为。此外，还应当重视法律法规的普及和宣传工作，以提高农民的法律意识和法治观念，确保他们能够更好地理解和运用法律知识。

第二，加强法治宣传教育是至关重要的。通过开展各种形式的法治宣传教育活动，例如，举办讲座、研讨会和培训课程，来提高农民的法律意识和法治观念。此外，建立法治宣传教育基地也是一个有效的途径，通过这些基地，农民可以更方便地获取法律知识和信息。同时，还应当注重培养农民的法治信仰和法治精神，引导他们依法参与乡村治理，从而促进乡村社会的和谐稳定。

第三，健全乡村司法体系也是不可或缺的。完善乡村司法服务体系，以提高乡村司法的效率和公信力。这可以通过加强乡村法庭的建设，优化司法资源配置，为农民提供便捷高效的法律服务。同时，还应当加强对乡村司法工作的监督和指导，确保其依法公正行使司法权力，维护农民的合法权益。通过这些措施，可以进一步提升乡村治理的法治化水平，为乡村的可持续发展提供坚实的法治保障。

四、促进产业振兴，奠定经济基础

产业振兴作为乡村治理现代化的重要支撑，其实现需遵循科学规划与系统推进的原则。具体而言，须采取以下关键路径来有效促进产业振兴，并为乡村经济的稳固发展奠定坚实基础。

第一，着力发展特色农业产业。深入挖掘当地资源禀赋，紧密结合市场需求，精心培育具有鲜明地方特色的农产品品牌。通过积极推广优质农产品、不断创新提高农产品附加值，可以有效增加农民收入，进而全面激活并促进乡村经济的蓬勃发展。

第二，加大农业科技研发与推广力度。持续提高农业生产的科技含量与整体效益，积极推动农业农村现代化的进程。通过不断加大农业科技研发的投入、广泛推广先进的农业技术，可以显著提升农业生产的效率与质量，为乡村产业的持续健康发展提供强有力的技术支撑。

第三，完善农产品流通体系同样至关重要。着力畅通农产品的销售渠道，努力提高农产品的市场占有率与竞争力。通过建立并健全农产品市场体系、加强农产品品牌的营销与推广，可以有效促进农产品的流通与销售，进而为乡村产业的繁荣发展开辟更广阔的市场空间。

第四，加强乡村基础设施建设也是不可或缺的一环。致力改善乡村的生产生活条件，为产业的持续发展提供坚实支撑。通过加大乡村基础设施建设的投入、优化乡村基础设施的布局与配置，可以显著提升乡村基础设施的水平与服务能力，从而为乡村产业的蓬勃发展创造更加优越的环境条件。

五、注重生态保护，建设美丽宜居乡村

生态环境保护是乡村治理现代化的重要内容。为实现这一目标，需采取以下三项措施。

第一，加强污染防治和生态修复。针对乡村生态环境问题，采取有效措施进行治理和修复。通过加强环境监管、推广环保技术等方式，减少污染物排放，提高乡村生态环境质量。

第二，完善乡村垃圾处理和污水处理设施。提高乡村环境卫生水平，保障农民生活质量。通过建立健全乡村垃圾处理和污水处理设施、加强设施运行管理等方式，提高乡村环境卫生水平，为农民创造宜居生活环境。

第三，加强乡村绿化美化。提高乡村生态环境质量，打造美丽宜居乡村。通过加强乡村绿化工作、推广生态农业等方式，增加乡村绿色植被覆盖面积，提高乡村生态环境质量。

第四，加强环保宣传教育。增强农民的环保意识和责任感，共同参与乡村生态环境保护。通过开展环保宣传教育活动、建立环保志愿者队伍等方式，增强农民的环保意识和参与度，营造全社会共同关注乡村生态环境保护的良好氛围。

六、推动社会治理创新，构建多元共治格局

社会治理创新是乡村治理现代化的重要途径。为实现这一目标，需采取以下四项措施。

第一，促进多元主体合作。加强政府与社会组织、企业等多元主体的合作与互动，形成政府主导、社会参与、市场运作的多元共治格局。通过建立健全政府与社会组织的合作机制、鼓励企业参与乡村治理等方式，促进多元主体之间的合作与互动，共同推动乡村治理现代化。

第二，培育乡村社会组织。加强乡村社会组织建设和管理，提高其参与乡村治理的能力和水平。通过加强乡村社会组织培育和管理、推动社会组织参与乡村治理等方式，增强乡村社会组织的力量和作用，为乡村治理现代化提供有力支撑。

第三，创新乡村治理方式。探索适应乡村治理现代化需要的灵活高效的治理方式和方法。通过推广协商民主、引入社会治理创新项目等方式，创新乡村治理方式和方法，提高乡村治理的效率和效果。

第四，加强乡村文化建设。通过乡村文化建设和社会治理宣传教育工作，增强农民的社会治理意识和参与能力。通过加强乡村文化建设、开展社会治理宣传教育活动等方式，增强农民的社会治理意识和参与度，形成全社会共同关注乡村治理现代化的良好氛围。同时，还要注重培养农民的社会责任感和公民意识，引导其积极参与乡村治理和社会公益事业，共同推动乡村治理现代化的进程。

第二节 乡村治理现代化的机制完善

一、理念扩散机制

理念扩散是动员有效的根本前提。在部分非强制性基层事务中，理念的传达与贯彻甚至直接等同于思想动员。现代化进程中，党和国家依托自上而下的政党、科层体系与各类动员型的经济、社会组织，通过政策引导、宣传教育、培训交流等形式，推进理念的纵向到底与横向到边。尤其是新时代以来，党建引领下的基层组织建设与数字乡村建设的持续推进，丰富且完善了这一机制。

第一，上下联通的党政组织结构助推理念的纵向到底。实体组织是理念下沉的基本载体，完备的组织体系是理念贯通的基本条件。进入新时代以来，基层政权建设的持续推进促使党政组织力量逐级下沉到乡村社会最末梢，乡村社会形成从中央到地方的完备组织体系。正因如此，党中央决策部署、战略安排与政策意见才得以有效传达至最基层的行政村。

第二，乡村基层的动员型组织力量推进理念的横向到边。在党建引领下，基层干部通过村民会议、群众工作等方式，向乡村基层多元主体尤其是农民群体传达党和国家的政策方针，推进国家意志在基层的横向扩散。

第三，数字乡村的蓬勃发展为理念的横纵扩散提供技术支持。随着数字基础设施的不断完善与干部群众数字素养的逐渐提升，诸如信息平台等的数字技术推动信息传达的便利化与简约化，促进理念的高效传播。理念扩散机制的成熟完善，不仅确保国家意志的逐级下沉，而且实现基层组织、党群干群间的信息互通。

二、行为调动机制

行为调动是在组织化动员过程中，党和国家有效激活组织内外力量的重要方式，是动员实施的核心环节。在组织化动员中，对体制内外不同性质的组织及群体采取的行为调动遵循着截然不同的动员逻辑，表现为政治动员与社会动员两种形式。二者的有机结合促成了有效的多元主体行为调动机制。

政治动员主要是指政党和政府通过政策引导、权力调配等方式，自上而下将政治意志、政治主张和政策决议转化为行为自觉的行为过程。这一动员形式主要针对党政、科层体制内的党员与各级干部群体，如脱贫攻坚时期形成的干部驻村扶贫、教育部直属高校定点扶贫等扶贫动员举措。

社会动员主要是指通过社会组织、社群关系来激发和调动体制外多元主体积极性和创造力的行为过程。进入新时代以来，随着乡村社会从"乡政村治"逐渐走向"乡村共治"，针对农民群体与各类社会组织的有效社会动员愈发重要。在这一背景下，依托政党、科层以及各类社会、经济组织，乡村社会不断完善社会动员实践。一方面，党和政府通过行为引导、资源撬动等方式动员多元社会组织，推动如万企帮万村、工商资本"下乡"等组织参与；另一方面，乡村基层探索出诸如积分制管理、道德银行等群众动员形式，通过"分配型动员"有效调动农民群体的治理积极性。

三、事务处理机制

乡村社会包含多维治理事务，基层事务处理通常遵循常规事务的处理逻辑，在压力型体制下通过国家行政机构多层化管理方式按部就班地落实和完成各类事务，体现出照章办事和循规蹈矩的特征。在常规事务治理中，基于事本化与动态化的国家战略部署与地方基层实践，党和政府通过各类会议、文件，逐步下达并确立当前乡村发展的重点任务。

一旦重点事务被确定，党和政府就会通过政策引导、组织协调和资源调配，将此类事务确定为乡村治理的优先事项并进行动员式治理。在政策引导方面，通过动员会、座谈会、支部会议、教育活动等形式，确立工作方向，形成问题意识。在组织协调上，通过成立专项小组与直属部门，加强协调合作，确保重点任务的"特事特办"，凝聚多元组织力量共同推进重点任务实施。

在资源调配上，通过财政拨款、项目资金支持、人力资源输入等方式，为重点任务提供必要的资源保障。例如，项目制这类打破常规层级管理和政策约束的动员型治理模式，便是乡村治理的一种典型重点任务处理方式。

乡村社会的事务处理遵循乡村治理主要矛盾与次要矛盾协调统一的治理逻辑，在确保常规事务按部就班推进的基础上，最大限度地推动重点任务的有效解决，以实现重点任务与常规事务在乡村发展中的动态互嵌，助力乡村治理的现代化发展。值得一提的是，虽然这一机制正在逐步成熟与完善，但是基于"动员"行为产生的超越科层且特事特办的片面性、不可持续性等局限，基层事务处理仍然面临不少的统筹问题与挑战。

第三节　乡村治理数字化发展的策略

在数字化转型的大潮中，乡村治理作为国家治理体系的重要组成部分，正面临着前所未有的机遇与挑战。为了推动乡村社会的全面振兴，必须积极探索和实践乡村治理的数字化发展策略。这不仅关乎乡村经济的繁荣，更关系到农村居民生活质量的提升和社会整体的和谐发展。

第一，加强数字基础设施建设。政府须持续加大对乡村地区的投入，确保互联网覆盖的广度与深度，使农村居民能够快速融入数字社会。具体措施包括以新基建为契机，加快布局乡村 5G、人工智能、物联网等新型基础设施，推进网络基础设施向村覆盖、向户延伸，打通农村经济社会发展的信息大动脉，补齐乡村数字化基础设施短板，使城乡共享数字红利。同时，构建包括农村大数据中心、农业综合服务平台在内的基础信息共享平台，开发适应农业农村发展的新型应用软件和新型信息技术产品，强化为农服务能力，提升服务供给质量。加快农村地区水利、公路、电力、冷链物流、农业生产加工等基础设施的数字化、智能化转型，推动智慧农业、智慧交通、智能电网、智慧物流等设施发展，筑牢数字乡村建设的发展基础。

第二，提升个体数字素养是基础。政府应携手产业界、企业界以及教育机构，共同构建一个全面的数字化学习平台，为农民提供系统而深入的数字技能培训。针对不同文化水平的农民群体，为他们量身打造定制化的数字技能培训课程，确保他们能够有效掌握数字化工具的使用方法，整体提升他们的数字技能。通过制定优惠政策、激励政策，积极吸引数字人才回归乡村，鼓励他们利用自身的数据资源、技术专长、知识积累和创新精神，为乡村数字化经济注入新的生机与活力。

第三，推动三产融合发展是关键。应充分挖掘并利用自然资源的独特性，专注构建具有地方特色的农产品加工基地。通过精细化的农业生产、深度的产品加工和精准的政策扶持，培育出优质的农产品，引领现代农业朝着高效、安全、资源节约和环保的方向迈进。同时，通过农村产业融合的创新方式，推动社会价值链分工的重新布局，以升级产业发展模式。在增加资金、人力等关键要素投入的同时，积极促进农业与工业、服务业的深度融合，并与餐饮、旅游、教育、康养等多个领域实现跨界融合。这种融合将孕育出农村产业的新模式和新业态，从而推动乡村产业实现更加繁荣和可持续的发展。

第四节　数字普惠金融激发乡村善治

数字普惠金融是指一种通过金融科学技术手段实现金融服务普惠化、公平化、进步化的新型金融模式。数字普惠金融具有开放性、平等性、便捷性等特征，利用大数据技术、云计算技术、移动互联网和区块链等各项能够运用于普惠金融领域的相关数字化技术，推动金融服务向更广泛的用户群体普及，特别是那些传统金融服务难以覆盖的小微企业、农民、城镇低收入人群等弱势群体。

一、数字普惠金融的特征

第一，数字普惠金融具有显著的包容性。这一特性主要体现在其服务对象的广泛性上。传统金融服务往往更偏向于高收入、高信用评级的客户群体，而数字普惠金融则致力于打破这一壁垒，通过技术手段降低金融服务的门槛，使更多低收入、信用记录缺失或薄弱的个体和小微企业也能享受到便捷、高效的金融服务。

第二，数字普惠金融展现出高度的便捷性。依托于互联网、移动通信和大数据技术，数字普惠金融能够提供全天候、无地域限制的金融服务。用户只需通过智能手机或电脑，即可随时随地完成转账、支付、贷款、理财等操作，极大地提升了金融服务的可获得性和使用效率。

第三，数字普惠金融强调创新性。在产品设计、服务模式、风险控制等方面，数字普惠金融不断引入新技术、新理念，以适应不同用户群体的需求。例如，利用人工智能进行信用评估，运用区块链技术提高交易透明度，都是数字普惠金融创新性的具体体现。

第四，数字普惠金融还具备可持续性。通过数字化手段降低运营成本，提高服务效率，数字普惠金融能够在保持商业可持续的同时，实现社会价值的最大化。这种可持续性不仅体现在金融机构自身的盈利能力上，更体现在其对社会经济发展的长期正面影响上。

二、数字普惠金融对乡村治理的积极影响

第一，数字普惠金融有助于提升乡村金融服务水平。传统上，乡村地区由于基础设施落后、人口分散等因素，金融服务供给严重不足。而数字普惠金融通过线上化、移动化的服务方式，有效降低金融机构的运营成本，提高金融服务的覆盖面和渗透率，使乡村居民能够更加便捷地获得贷款、支付、保险等金融服务，满足他们多样化的金融需求。

第二，数字普惠金融促进了乡村经济的增长。一方面，通过为乡村小微企业和农户提供资金支持，数字普惠金融助力其扩大生产规模、改善生产技术，进而提升乡村产业的整体竞争力；另一方面，数字普惠金融还推动乡村消费市场的繁荣，乡村居民在获得金融服务后，消费能力得到提升，进一步拉动了乡村经济的内需增长。

第三，数字普惠金融在改善乡村社会治理方面也发挥了积极作用。通过数字化手段进行信用评估和风险管理，数字普惠金融有助于构建更加透明、公正的乡村金融环境，减少信息不对称带来的道德风险和逆向选择问题。同时，数字普惠金融还能够促进乡村社会的信用体系建设，增强乡村居民的信用意识，为乡村社

会的长期稳定发展奠定坚实基础。

第四，数字普惠金融促进乡村教育的普及和人力资源的开发。通过提供便捷的金融服务和教育贷款，数字普惠金融降低了乡村家庭的教育负担，使得更多乡村孩子能够接受高质量的教育，从而提升乡村整体的人力资源水平，为乡村经济的可持续发展提供人才支撑。

三、数字普惠金融激发乡村善治的有效措施

"随着数字化时代的到来，数字普惠金融兼具数字、创新、公平的优势，迅速融入了社会生活的各个方面，对乡村治理也产生了重要的影响。"[①] 两者多维互嵌与协同共治，各地探索路径及实践成效多样；结构互嵌、效能共融，受多重因素影响，须持续深入探索。

第一，提升公共规则思想认知。在新时代的乡村治理中，为了有效地参与其中，各个主体必须具备一定的文化素养，并且对现代经济社会中的公共规则有深刻地理解和自觉地遵循。这一点至关重要。通过发展数字普惠金融，并与建设乡村信用体系紧密结合，乡村可以通过对守信者给予激励、对失信者实施惩戒的方式，推动普惠授信和信贷惠农政策的实施。这种做法不仅有助于促进乡村经济的发展，而且在客观上还能够培育和弘扬乡村诚信守约、合法致富的文明风尚。这样一来，乡村社会的整体信用水平将得到提升，从而为乡村的可持续发展奠定坚实的基础。

第二，形成多元互助关系格局。乡村治理共同体具有地域空间格局的多主体性、合作行为的互利性、组织文化与主体意识的多元性、"对美好生活的向往"心理情感的趋同性，使得现今中国乡村，传统乡土差序格局逐渐演变成血缘、地缘、业缘、人缘共存的多元关系共存格局，并以"诚信守约""合作互助""互利共赢"为基础，构成乡村共建共治共享的情感共同体。

第三，确保法治框架下的制度保障。在现代乡村治理与金融资源配置中，传统参与主体转向多元治理共同体，需要民主协商、公共参与，推进利益共享、风

---

① 文琳. 数字普惠金融与乡村治理［D］. 武汉：中南财经政法大学，2022：1.

险共担的法治化制度保障。数字普惠金融作为一种现代化经济体系，需要支付、征信、担保、破产、监管等基础制度支撑，以及数字时代乡村资产产权、土地流转制度、权益类融资与行业标准规范等机制保障。

第四，以党建引领乡村组织协同共建。党建引领金融服务乡村，与乡村治理中强化党组织领导力凝聚力协同联动，实现乡村各组织共建共强。在党领导下的乡村现代治理中，以党组织建设为基础，通过党员领导干部的示范带动作用，引领、组织、推动其他涉农组织形成乡村组织共建与治理合力。

第五，推动数字平台的联通共享。在推动普惠金融发展与数字乡村建设中，各类型平台数据资源互嵌联通、业务服务互依共生，在提供金融、电商与民生服务的同时，也为乡村事务管理运维提供平台渠道支撑。

第六，实现技术赋能金融"智"惠与乡村"智"理。科技赋能金融服务与基层治理，并非仅简单地运用信息数字技术提高金融服务效率、改善公共事务治理绩效，更重要的是以技术不断创新迭代作为一种内源性驱动力，从底层逻辑和组织结构的维度，重塑资源配置优化制度与乡村社会运行机制，促进金融"智"惠包容与乡村"智"理质效，并通过二者的有机融合实现乡村生产关系适应生产力发展的提升。

参考文献

[1] 曾宪武. 乡村多元主体协同治理的优化路径 [J]. 农机市场，2024（2）：80-82.

[2] 柴学友，于帮存. 农村基层组织工作人员职务犯罪调查 [J]. 人民检察，2013（24）：49.

[3] 车璟姝，刘芃. 乡村振兴背景下乡村绿色生态法治保障研究 [J]. 智慧农业导刊，2023，3（20）：27-33.

[4] 崔航航，房建恩. 农村社会组织参与乡村治理的价值困境及对策 [J]. 河北农业科学，2021，25（4）：9-11+15.

[5] 高慧. 农村基层党组织引领乡村治理研究 [D]. 咸阳：西北农林科技大学，2022.

[6] 高宇峰，尹泽昕. 新时代乡村生态文明建设研究 [J]. 现代农村科技，2024（4）：24-26.

[7] 郭鹏. 农村社会组织参与乡村治理：功能、挑战与路径——基于山西省 W 村的个案研究 [J]. 山西高等学校社会科学学报，2022，34（9）：31-37.

[8] 郭晓鸣，吕卓凡，周小娟. 整体性治理与乡村韧性发展：一个"四维"理论分析框架 [J]. 社会科学研究，2024（4）：13-22.

[9] 何继新，王笑语. 新时代乡村振兴战略背景下乡村治理内涵转换、维度指向与质量标准 [J]. 改革与战略，2020，36（9）：92.

[10] 胡博. 农村基层党组织引领乡村治理现代化研究 [D]. 济南：中共山东省委党校，2024.

[11] 胡长生，王雄青. 论我国生态文明建设的政治制度优势 [J]. 中国井冈山干部学院学报，2012（11）：122-127.

[12] 黄珺. 中国农民合作经济组织形成机理与治理机制研究 [M]. 长沙：湖南大学出版社，2011.

[13] 蒋远胜，刘艳. 中国乡村治理现代化——理论源流、历史变迁和发展路径

[J]. 国家现代化建设研究, 2024, 3 (2): 68-82.

[14] 李聪, 吕蕾莉. 我国乡村治理的变迁和未来发展 [J]. 热带农业工程, 2023, 47 (3): 69-72.

[15] 李丹. 农村基层党组织建设引领乡村治理现代化研究 [D]. 合肥: 中国科学技术大学, 2023.

[16] 李海金, 鲁勇超. 组织化动员: 助推中国式乡村治理现代化的重要动能 [J]. 决策与信息, 2024 (8): 88-96.

[17] 李明. 中国农村基层党建研究 [M]. 武汉: 华中科技大学出版社, 2021.

[18] 李秋芳, 汪文雄, 崔永正, 等. 组织关系视角下全域土地综合整治多元主体协同治理的逻辑框架与网络形式 [J]. 自然资源学报, 2024, 39 (4): 912.

[19] 李世瑞, 谭春花. 嵌入式整合: 新时代农村基层党组织引领乡村治理路径研究 [J]. 农村经济与科技, 2024, 35 (2): 140-143.

[20] 梁紫环, 林辉煌. 撂荒地治理: 一种协同理论的解释——以广东省 Z 村为例 [J]. 农业经济问题, 2024 (7): 90.

[21] 刘海军, 丁茂战. 乡村治理现代化的历程、经验与进路 [J]. 国家现代化建设研究, 2022, 1 (3): 121.

[22] 刘红. 乡村振兴背景下农村公共文化服务体系建设研究 [J]. 社会科学战线, 2022 (3): 255.

[23] 刘露宇, 李炫欣. 农村社会组织参与乡村治理的机制研究 [J]. 学会, 2022 (9): 13-17.

[24] 刘志强. 农民专业合作经济组织参与乡村治理研究 [D]. 南昌: 南昌大学, 2012.

[25] 陆彦, 孙超, 阮文彪. 以组织振兴促进乡村振兴的理论与实践——安徽省农村基层组织建设的经验及政策启示 [J]. 安徽农业大学学报 (社会科学版), 2022, 31 (5): 24.

[26] 马榕. 新时代乡村治理现代化发展路径探究 [J]. 南方农机, 2024, 55 (8): 126-129.

[27] 彭雷，王晓艳. 农民合作经济组织在新农村建设中的作用分析研究 [J].
农业与技术，2012，32（9）：35.

[28] 钱程. 乡村振兴背景下多元主体参与乡村治理的困境及对策研究 [J]. 山
西农经，2023（18）：40-42.

[29] 邱春林. 中国式乡村治理现代化高质量发展的现实思考 [J]. 理论学刊，
2024（3）：133.

[30] 邱云美. 乡村养生旅游发展研究 [J]. 农业经济，2015（3）：44.

[31] 冉勇. 基于乡村振兴战略背景下的乡村治理研究 [M]. 长春：吉林人民出
版社，2021.

[32] 沈敏. 乡村振兴背景下颖上县畜禽养殖污染防治研究 [J]. 农村科学实验，
2024（9）.

[33] 沈依春. 农村社会组织参与乡村治理的困境与优化路径研究 [D]. 杭州：
浙江农林大学，2024.

[34] 时永航. 新时代乡村治理数字化发展策略研究 [J]. 领导科学论坛，2022
（5）：21-27.

[35] 舒永久，赵浚淋. 我国乡村生态治理现代化建设路径研究 [J]. 新疆农垦
经济，2024（3）：14-25.

[36] 宋秀波. 农村社会组织参与乡村治理的个案评析 [J]. 西部学刊，2021，
（19）：129-131.

[37] 苏瑶. 成都市P县农村公共文化服务体系建设研究 [D]. 绵阳：西南科技
大学，2023.

[38] 孙佳. 五莲县H街道党建引领乡村治理研究 [D]. 济南：山东财经大学，
2023.

[39] 唐坚. 基层组织工作制度 [M]. 北京：经济日报出版社，2020.

[40] 汪涵. 农民合作经济组织参与乡村治理研究 [D]. 杭州：浙江理工大学，
2019.

[41] 汪敏，张银侠. 基于治理视域的公共文化服务体系建设 [J]. 中共山西省
委党校学报，2016，39（2）：91-94

［42］王慧慧. 新农村公共文化服务体系建设中社会组织研究［D］. 南京：东南大学，2017.

［43］王晶. 乡村振兴背景下多元主体参与乡村治理的角色定位与机制创新［J］. 农家参谋，2022（5）：13-15.

［44］王世官. 新农村基层组织建设与管理［M］. 上海：复旦大学出版社，2009.

［45］王晓丽，姚蕾，刘友田. 中国式乡村治理现代化的三维审视［J］. 信阳农林学院学报，2024，34（2）：11-16.

［46］王滢涛. 中国特色乡村治理体系现代化研究［M］. 上海：上海社会科学院出版社，2021.

［47］未江涛. 农村公共文化服务体系建设［J］. 文化产业，2023（36）：16-18.

［48］文琳. 数字普惠金融与乡村治理［D］. 武汉：中南财经政法大学，2022.

［49］吴爽，李哲. 多元主体协同参与乡村数字治理的路径探索［J］. 山西农业大学学报（社会科学版），2023，22（6）：98-105，11.

［50］熊懿. 农民合作经济组织参与乡村治理策略分析［J］. 农业经济，2020（8）：81.

［51］徐杰. 乡村振兴背景下推进农村生态文明建设的思考［J］. 公关世界，2024（18）：4-6.

［52］徐运红，曹宇杰. 农村基层党组织在乡村振兴中的关键作用：基于涉县野生连翘采摘问题的考察［J］. 山西农经，2024（15）：121.

［53］许维勤. 乡村治理与乡村振兴［M］. 厦门：鹭江出版社，2020.

［54］薛建中，楚建义，李聚山. 农村基层党组织建设创新研究［M］. 石家庄：河北人民出版社，2017.

［55］阎占定. 新型农民合作经济组织参与乡村治理研究［M］. 广州：世界图书出版广东有限公司，2013.

［56］阳盛益，汪涵. 农民合作经济组织参与乡村治理可行性研究［J］. 农业经济与管理，2018（6）：23-30.

［57］张春华. 新型农民合作经济组织参与乡村治理的现实路径［J］. 武汉冶金管理干部学院学报，2021，31（2）：12-14.

［58］张锋. 农村社会组织参与农村社区治理的利益机制与制度建构［J］. 学习与实践，2020（8）：96.

［59］张硕. 菏泽市 M 镇乡村多元主体协同共治研究［D］. 济南：山东财经大学，2024.

［60］张战军，李燕，温丽瑷，等. 农村水污染防治助力乡村振兴——以茂名市七迳镇那艮村为例［J］. 清洗世界，2024，40（4）：172-174+177.

［61］章晓乐，任嘉威. 治理共同体视域下社会组织参与农村社会治理的困境和出路［J］. 南京社会科学，2021（10）：62.

［62］赵立，杨育娟，穆琳. 乡村振兴背景下陕西省农村污染防治对策研究［J］. 资源节约与环保，2023（7）：144-148.